Jürgen Schmiesing

1933 - Die Gleichschaltung des politischen Katholizismus in Baden

Ein Beitrag zur Geschichte der nationalsozialistischen Machtübernahme

EuKlId

Europäische Kultur und Ideengeschichte
Studien. Band 7

Herausgeber: Bernd Thum, Hans-Peter Schütt
Institut für Philosophie, Karlsruher Institut für Technologie (KIT)

Eine Übersicht über alle bisher in dieser Schriftenreihe
erschienene Bände finden Sie am Ende des Buchs.

1933 - Die Gleichschaltung des politischen Katholizismus in Baden

Ein Beitrag zur Geschichte der
nationalsozialistischen Machtübernahme

von
Jürgen Schmiesing

Überarbeitete Fassung der Magisterarbeit,
Universität Würzburg, 2010

Umschlagfoto
Franz Xaver Schmerbeck
Vorlage: Besitz von Herrn Dipl.-Ing. Hermann Schmerbeck, Buchen

Impressum

Karlsruher Institut für Technologie (KIT)
KIT Scientific Publishing
Straße am Forum 2
D-76131 Karlsruhe
www.ksp.kit.edu

KIT – Universität des Landes Baden-Württemberg und nationales
Forschungszentrum in der Helmholtz-Gemeinschaft

KIT Scientific Publishing 2013
Print on Demand

ISSN: 1867-5018
ISBN: 978-3-7315-0013-1

Vorwort

Die Gleichschaltung des politischen Katholizismus – ein mit Blick auf die Schlagworte Ermächtigungsgesetz, Reichskonkordat und Selbstauflösung des Zentrums scheinbar abgearbeitetes Thema der deutschen Geschichte. Der vorliegende Band versucht sich allerdings an einer bislang nur wenig beleuchteten Perspektive dieser Thematik: die Ausschaltung des Zentrums in lokal- und regionalgeschichtlichen Zusammenhängen.

Nur selten in dieser Form zur Verfügung stehende Quellen lassen für Baden eine Rekonstruktion der Vorgänge aus der Perspektive des „Opfers", eines führenden Zentrumsmannes, zu: Franz Xaver Schmerbeck (1894-1973), „Fraktionsführer" im Karlsruher Stadtrat und Landesführer der Parteijugend, hinterließ mehrere Ordner mit Material zu seiner politischen Arbeit in den Tagen der „nationalen Erhebung". Sie zeigen das erfolglose Bemühen der Zentrumsmänner, auch weiterhin noch Einfluss auf die politische Entwicklung ausüben zu können. Sie zeigen aber vor allem auch, wie die Nationalsozialisten die Partei zunehmend ins Abseits drängten und wo innere Brüche im Zentrum dieses Vorgehen erleichterten. Dennoch zeigen sich aber auch interessante Kontinuitäten aus den ersten Monaten des Regimes bis in den aktiven Widerstand und in den politischen Wiederaufbau nach dem Krieg.

Der vorliegende Band stellt eine überarbeitete Version meiner im Jahr 2010 eingereichten Magisterarbeit dar. Für die ursprüngliche Anregung zur Abfassung, deren Betreuung sowie für die in jeder Form gezeigte Unterstützung habe ich zunächst Herrn Professor Dr. Wolfgang Altgeld (Würzburg) zu danken. Besonderer Dank gilt auch Herrn Dipl.-Ing. Hermann Schmerbeck (Buchen), der den Nachlass seines Vaters dem kritischen Auge des Historikers aussetzte und die Auswertung nach Kräften und Vermögen unterstützte. Herrn Professor Dr. Rolf-Ulrich Kunze (Karlsruhe) gilt mein Dank für die Befürwortung und Förderung der Aufnahme in diese Veröffentlichungsreihe.

Danken für ihre Unterstützung möchte ich auch meinen Eltern, Herrn OStR. Paul Schmiesing und Frau Josefa Schmiesing.

Würzburg, im April 2013

Jürgen Schmiesing M.A.

Inhalt

1   Einleitung

Die vorliegende Studie befasst sich mit der Gleichschaltung des politischen Katholizismus[1] in Baden 1933/34. Auch in Baden dauerte die Eliminierung dieses Oppositionsfaktors durch die Nationalsozialisten lediglich wenige Monate. Angesicht der vormaligen Bedeutung der Zentrumspartei in Baden ist die Frage nach den Umständen dieser Entwicklung durchaus interessant. Die primär behandelten Fragestellungen sind die Lagebeurteilungen des Zentrums und die daraus resultierenden Handlungen.[2] Besondere Beachtung verdienen die hierbei tatsächlich vorhandenen Spielräume.

Zum näheren Verständnis der NS-Herrschaft ist die Untersuchung der landesgeschichtlichen Ebene unerlässlich. Sie dient als Unterbau und exemplarischer Beleg der allgemeinen Forschung.[3] Diese Arbeit ist somit auch ein Beitrag zur Erforschung der nationalsozialistischen Machtübernahme und Machtsicherung. Die Forschung zu diesem Themenkomplex ist inzwischen unüberschaubar. Selbst der im Vergleich kleine Anteil der Arbeiten zur Rolle des (politischen) Katholizismus oder der Werke, die diesen mit einbeziehen, ist kaum mehr zu beziffern. Heruntergebrochen auf die hier relevante regionale Ebene sinkt die Zahl zwar stark. Aber selbst das Rahmenthema dieser Arbeit ist bereits ergiebig behandelt worden.[4] Welches Erkenntnisinteresse liegt dieser Arbeit daher noch zu Grunde?

---

[1] Im engeren Sinne nach Morsey definiert als der im Zentrum (und der BVP) organisierte politische Gestaltungswille des katholischen Bevölkerungsteiles, vgl. Rudolf Morsey: Die Deutsche Zentrumspartei, in: Erich Matthias, Rudolf Morsey (Hg.): Das Ende der Parteien 1930. Düsseldorf 1960. S. 279.

[2] Die relevanten Handlungen der Nationalsozialisten können als weitgehend erforscht betrachtet werden.

[3] Zur Problematik Lothar Meinzer: Stationen und Strukturen der nationalsozialistischen Machtergreifung: Ludwigshafen am Rhein und die Pfalz in den ersten Jahren des Dritten Reich (=Veröffentlichungen des Stadtarchivs Ludwigshafen am Rhein Bd. 9). Ludwigshafen 1983. S. 17.

[4] Vgl. Horst Rehberger: Die Gleichschaltung des Landes Baden 1932/33 (=Heidelberger Rechtswissenschaftliche Abhandlungen NF Bd. 19), Heidelberg 1966, Rupert Hourand: Die Gleichschaltung der badischen Gemeinden 1933. Freiburg 1985.

Anzumerken ist zunächst, dass der Großteil der hier verwendeten Archivalien bislang nur in sehr begrenztem Umfang wissenschaftlich bearbeitet wurde.[5] Aufgrund ihrer Zusammensetzung bieten diese einen seltenen Einblick in die internen Verhältnisse der Führungsebene des badischen Zentrums und beschreiben somit die Ereignisse zeitnah aus der Perspektive des „Opfers". Diese Perspektive ermöglicht die Betrachtung der Lagebeurteilungen und der handlungsleitenden Motive damaliger Akteure.[6] Im Wesentlichen werden hierbei zwar die Ergebnisse bisheriger Untersuchungen bestätigt: Die schwierige Zusammenarbeit des Zentrums mit der NSDAP im Jahre 1933 war das Ergebnis der Natur des Zentrums und der Situation der späten Weimarer Republik.[7] Die Herangehensweise ermöglicht allerdings in einigen Fällen Ergänzungen und Präzisierungen. Neue Erkenntnisse ergeben sich etwa zur inneren Situation des badischen Zentrums. Im Zusammenhang mit dem für die Zeit vor 1933 bekannten Generationenkonflikt in der Partei bestand hier offensichtlich auch noch in den ersten Monaten der NS-Diktatur ein Problem.[8] Weitere innere Defizite der Parteistruktur treten ebenfalls deutlich hervor.

Besondere Beachtung verdient auch die aus den Quellen zu erschließende Arbeit der Zentrumspolitiker in der Kommunalpolitik. In sehr anschaulicher Weise wird an dieser sichtbar, wie sich Oppositionelle um den Erhalt von Einflussmöglichkeiten in einer sich etablierenden Diktatur bemühen. Der Wert der Archivalien dürfte gerade hierfür sehr hoch zu veranschlagen sein: Zum einen sind vergleichbare Quellenbestände zur Zentrumspartei leider nur sehr lückenhaft erhalten. Neben Kriegseinwirkung spielt hierbei die bewusste Vernichtung während der Diktatur eine große Rolle.[9] Noch dazu ist zu beachten, dass oft wohl gar keine Materialsammlungen angelegt wurden, da diese im Ernstfall schließlich als

---

[5] Die einzige bisherige Nutzung bestand in zwei Vorträgen von Michael Kißener.

[6] Die nötige Quellenkritk erfolgt in Kap. 1.4.

[7] Hierzu etwa: Rudolf Morsey: Der Untergang des politischen Katholizismus. Die Zentrumspartei zwischen christlichem Selbstverständnis und nationaler Erhebung 1932/33. Zürich 1977, Detlef Junker: Die deutsche Zentrumspartei und Hitler 1932/33 (=Stuttgarter Beiträge zur Geschichte und Politik Bd. 4). Stuttgart 1969.

[8] Vgl. hierzu: Wolfgang Krabbe: Die gescheiterte Zukunft der ersten Republik. Jugendorganisationen bürgerlicher Parteien im Weimarer Staat. Opladen 1995.

[9] Theodor Heuss verleiht der hinter diesem Manko stehenden Problematik in seinen Erinnerung an die Machtergreifung Ausdruck: „Ich selber hatte Grund genug, Dokumente nicht zu sammeln, sondern zu vernichten." Theodor Heuss: Die Machtergreifung und das Ermächtigungsgesetz. Stuttgart 1967, S. 5. Zur allgemeinen Quellensituation für die Zentrumspartei vgl. Morsey: Untergang. S. 211.

Belastungsmaterial hätten dienen konnten. Dass die Arbeit zum Teil biographische Züge annimmt, ergibt sich aus dem personengebundenen Charakter des Quellenmaterials. Angesichts der Positionierung des Überlieferers im Gefüge der Zentrumspartei und im Prozess der Gleichschaltung erweist sich dieser Zugang allerdings keineswegs als problematisch.

Aussagekraft besitzen die Quellen auch für eine Betrachtung der national-sozialistischen Herrschaftsdurchsetzung auf den unteren politischen Ebenen. Der hier offenbar werdende Spielraum und das inkohärente Vorgehen der NS-Funktionäre und Politiker erweist sich als Beleg für die Gültigkeit der Polykratie-These[10] für die kommunale Ebene. Beim weitgehenden Fehlen einer groß angelegten Planung zur Machtübernahme und vielen oft von Fall zu Fall unterschiedlichen Vorgehensweisen führte das Streben der Nationalsozialisten dennoch zur Durchsetzung ihres Zieles, der Ausschaltung des politischen Katholizismus.

1.1 Zum Forschungsstand

Das Verhältnis zwischen Katholizismus und Nationalsozialismus wurde bereits in einer Vielzahl von Arbeiten behandelt.[11] Diese gliedern sich in mehrere verschiedene Themenkomplexe auf, die für die hier behandelte Frage von unterschiedlicher Relevanz sind.

Die grundlegenden Arbeiten zum Thema Nationalsozialismus und Zentrum finden sich nach wie vor bei Morsey.[12] Das Standardwerk zum Untergang des politischen Katholizismus bietet noch immer die beste Übersicht zu den Motiven der Parteiführung und zur Einstellung der Basis. Hauptthema ist in der wissenschaftlichen Diskussion die Zustimmung

---

[10] Zum Thema Polykratie im Nationalsozialismus etwa: Peter Hüttenberger: Nationalsozialistische Polykratie, in: Geschichte und Gesellschaft 2 1976, S. 417-442, Martin Broszat: Der Staat Hitlers. München 2000[15]. Die Anwendbarkeit auf die kommunale und regionale Ebene schildern etwa Meinzer: Stationen. S. 17, Bernhard Gotto: Stabilisierung von unten. Die Personalpolitik der Stadt Augsburg 1933-1939, in: Sabine Mecking / Andreas Wirsching (Hg.): Stadtverwaltung im Nationalsozialismus (=Forschungen zur Regionalgeschichte 53). Paderborn 2005. S. 23-49, 23f.

[11] Ulrich von Hehl: Kirche und Nationalsozialismus. Ein Forschungsbericht, in: Rottenburger Jahrbuch für Kirchengeschichte 2 1983. S. 11-31, 11: „Das Verhältnis von katholischer Kirche und Nationalsozialismus gehört zu den am besten erforschten Gebieten der Zeitgeschichte."

[12] Mit besonderer Bewandtnis für diese Arbeit: Morsey: Zentrumspartei, bzw. die eigenständige überarbeitete Neuauflage des Beitrags: Ders.: Untergang.

des Zentrums zum Ermächtigungsgesetz.[13] Oft brechen die Darstellungen auch schon an dieser Stelle ab, die verbleibenden Wochen bis zur Auflösung der Partei werden kaum behandelt,[14] weitere Aktivität der trotz allem nicht verschwundenen Politiker behandelt meist nur die Widerstandsforschung mit ihrem speziellen engen Personenkreis.

Großes Interesse erregt seit einigen Jahrzehnten die Erforschung der „Resistenz" des katholischen Milieus gegenüber der NSDAP. Diese Frage ist in zahlreichen Abhandlungen und für die unterschiedlichsten Regionen untersucht und weitestgehend als zutreffend beantwortet worden.[15]

Die bei weitem größte Aufmerksamkeit erhielt in der Forschung allerdings die Haltung der Kirche und ihrer Vertreter. Angesichts der Bedeutung dieses Problemkomplexes ist diese Schwerpunktlegung verständlich. Zudem ist zu beachten, dass sich der Konflikt zwischen (Staats)Partei und Kirche über die gesamte Zeit des NS-Regimes hinzog, während der politische Katholizismus bereits nach wenigen Monaten kaum noch eine aktive Rolle spielen konnte.[16]

Der hier gewählte Zugriff auf die Thematik macht einen näheren Blick auf den jeweiligen Verfahrensablauf der Gleichschaltung notwendig. Bei einigen Fragestellungen waren juris-

---

[13] Etwa: Josef Becker: Das Ende der Zentrumspartei und die Problematik des politischen Katholizismus in Deutschland, in: Gotthard Jasper (Hg.): Von Weimar zu Hitler 1930-1933 (=Neue Wissenschaftliche Bibliothek Bd. 25). Köln 1968, überarbeiteter Neudruck des Aufsatzes von 1963. S. 344-376, Karl Otmar Freiherr von Aretin: Das Ende der Zentrumspartei und der Abschluß des Reichskonkordats am 20. Juli 1933, in: Frankfurter Hefte 17 1962. S. 237-243.

[14] Etwa: Ernst-Wolfgang Böckenförde: Der deutsche Katholizismus im Jahre 1933, in: Gotthard Jasper (Hg.): Von Weimar zu Hitler 1930-1933. Köln 1968. S. 317-343, Karl Buchheim: Die Geschichte der christlichen Parteien. München 1953, Ernst Deuerlein: Der deutsche Katholizismus 1933. Osnabrück 1963.

[15] Am badischen Beispiel: Cornelia Rauh-Kühne: Katholisches Milieu und Kleinstadtgesellschaft. Ettlingen 1918-1939. Sigmaringen 1991. Allgemein etwa Hugo Stehkämper: Protest, Opposition und Widerstand im Umkreis der (untergegangenen) Zentrumspartei, in: Jürgen Schmädeke, Peter Steinbach (Hg.): Der Widerstand gegen den Nationalsozialismus. München 1985. S. 113-150.

[16] Interessanterweise hielten die Nationalsozialisten ihn aber noch lange Zeit für einen ihrer gefährlichsten Gegner. Beispiele für Baden vgl. Jörg Schadt: Verfolgung und Widerstand unter dem Nationalsozialismus in Baden. Die Lageberichte der Gestapo und Generalstaatsanwaltschaft Karlsruhe 1933-1940 (=Veröffentlichungen des Staatsarchivs Mannheim Bd. 3). Stuttgart 1976.

tische Arbeiten hilfreich, die den Schwerpunkt auf die formale und verfahrensrechtliche Korrektheit der Vorgänge legen.[17]

Bedeutsam für die Verortung dieser Arbeit ist auch die Forschungsliteratur zum Thema Nationalsozialismus und Region. Gerade für das Land Baden gibt es erfreulicherweise bereits mehrere Monographien und Sammelbände zu Einzelaspekten, vielfach auch mit biographischem Hintergrund.[18]

Interessant ist natürlich auch der Blick über die badischen Verhältnisse hinaus. Dieser kann allerdings aus Platzgründen nur in geringem Umfang und zu Vergleichszwecken gelegentlich eingefügt werden. Ortsgebundene Studien zeigen sich aufgrund des traditionellen deutschen Föderalismus problematisch in ihrer Vergleichbarkeit, dennoch bieten sich hier vielfach wertvolle Anhaltspunkte. Durch die regionale Nähe und die relativ hohe strukturelle Vergleichbarkeit der Territorien bietet sich die bayerische Pfalz als Vergleichsgegenstand an. Erfreulicherweise gibt es gerade für diesen Bereich einige umfangreiche Fallstudien.[19]

1.2 Die Gleich- und Ausschaltung des politischen Katholizismus

Für die Übersichtlichkeit ist ein Überblick über den Ablauf und die kausalen Zusammenhänge der Ausschaltung des politischen Katholizismus erforderlich. Dieser muss sich aus Platzgründen auf die wesentlichen Gesichtspunkte beschränken.[20]

Der Hauptträger des politischen Katholizismus, die Deutsche Zentrumspartei, löste sich am 5. Juli 1933, wenige Monate nach der Machtübernahme Hitlers, selbst auf. Mit diesem Schritt trug die Partei der neuen Situation Rechnung, in die sie aus einer Vielzahl von Gründen gekommen war.

---

[17] Für diese Arbeit besonders hilfreich: Hourand: Gemeinden sowie Rehberger: Gleichschaltung.

[18] Wichtig für diesen Zusammenhang vor allem Michael Kißener, Joachim Scholtyseck (Hg.): Die Führer der Provinz. NS-Biographien aus Baden und Württemberg (Karlsruher Beiträge zur Geschichte des Nationalsozialismus Bd. 2). Konstanz 1997.

[19] Sowohl die Pfalz als auch Baden sind konfessionelle und wirtschaftliche Mischzonen in Grenzlage. Zu beachten ist allerdings, dass die Ereignisse trotz der Ähnlichkeiten einen völlig anderen Verlauf nahmen. Auch hierin ist wohl eine Bestätigung der extremen Einzelfallabhängigkeit zu sehen.

[20] Die für die Haltung zur Machtübernahme wichtige Frontstellung der Partei gegen Papen und Hugenberg etwa kann hier leider nicht ausgeführt werden.

Das Zentrum war faktisch ein konfessionell abgegrenztes Sammelbecken aller Gesellschaftsschichten und damit auch der verschiedensten politischen Einstellungen. Die Überbrückung dieser inneren Spaltung leistete um 1930 nur noch die Betonung des (nahezu) alle Anhänger verbindenden katholischen Bekenntnisses. Ausdruck dieser Betonung war die Übernahme des Parteivorsitzes durch den Trierer Prälaten Kaas. Mit diesem Personalwechsel ging auch eine Aufwertung betont konservativer Positionen durch die neue Parteiführung einher.[21]

Wie in weiten Teilen der deutschen Gesellschaft der frühen 30er Jahre war auch im Zentrum der Wunsch nach einer Revision zumindest von Teilen des Weimarer Systems vorhanden.[22] Unter Beibehaltung des Kerns sollte die Funktionalität der politischen Landschaft erhöht werden. Vor dem Hintergrund der damaligen Krisen verstärkten sich diese Tendenzen zunehmend. Nur von einer autoritär geprägten Regierung wurde die nötige Krisenbewältigungskompetenz erwartet. In der Konsequenz dieser Ansichten lag die Stilisierung des Zentrumskanzlers Brüning zum „Führer", eine Darstellung, die sich im Zentrum weitestgehend durchsetzte.[23] Da auch Brüning kein Ende der Krise herbeiführen konnte, trat das von Parteichef Kaas entworfene Konzept der „nationalen Sammlung", einer „autoritär-demokratischen" Regierungsform gestützt durch die Parteien der Rechten, in die politische Arena. Durch die zusammengefassten Kräfte dieser Parteien sollte die Krise überwunden werden.[24]

Nach der unter den bekannten Umständen vollzogenen Ernennung Hitlers zum Reichskanzler führte dieses Konzept ab den Märzwahlen zu einer schwierigen, aber sichtbaren Zusammenarbeit von Zentrum und NSDAP. Die Auflösung des Zentrums lag letztlich in der Konsequenz dieser Sammlungsparole.[25] Das kurze Zeit zuvor kaum vorstellbare Verhalten der katholischen Partei erklärt sich aus einem Bündel von in der Forschung z.T. vielfach diskutierten Beweggründen, die hier aus Platzgründen nur knapp angesprochen werden können.

---

[21] Vgl. Morsey. Untergang S. 27f.

[22] Vgl. Enrico Syring: Das nationalsozialistische Deutschland 1933-1945. Führertum und Gefolgschaft (=Schriftenreihe Extremismus und Demokratie Bd. 10) Bonn 1997. S. 33f.

[23] Vgl. Morsey: Untergang. S. 20, 80.

[24] Vgl. ebenda. S. 23.

[25] Vgl. ebenda, S. 125, 219, Joachim Sailer: Eugen Bolz und die Krise des politischen Katholizismus in der Weimarer Republik. Tübingen 1994. S. 100.

Ziel der Mitarbeit des Zentrums war die Überwindung der Systemkrise und der Erhalt von Einflussmöglichkeiten, da eine Verweigerungshaltung die absehbare gewaltsame Ausschaltung der Partei nach sich gezogen hätte.[26] Spätestens seit den Märzwahlen erschien vielen Zentrumsanhängern und -politikern der Nationalsozialismus als eine unschöne Übergangsphase. Der NSDAP wurde zwar nur ein sehr geringes politisches Potential zuerkannt, ihr Unruhepotential erschien dafür umso höher. In der Erwartung eines baldigen Abwirtschaftens der NSDAP hielten die Zentrumspolitiker ein Stillhalten zur Vermeidung einer Verschlimmerung der inneren Unruhen für sinnvoll. Offene Opposition galt angesichts der Machtmittel der NSDAP als überflüssige Gefahr.[27] Eine weit verbreitete Variante zum „Abwirtschaften" stellte die Hoffnung auf eine „Normalisierung", eine „Zähmung" des Regimes in der Regierungsverantwortung dar. Diese Hoffnung entsprang neben einer Fehleinschätzung der tatsächlichen inneren Verhältnisse der NSDAP einer verfehlten historischen Analogie zur Entwicklung der SPD seit 1918.[28] Verstärkt wurde diese Hoffnung durch den moderaten Tonfall des Regimes (Regierungserklärung vom 23. März), seine symbolischen Akte (Tag von Potsdam) und die falschen Versprechungen (Garantien zum Ermächtigungsgesetz) der ersten Monate.

Einen wesentlichen Problemkomplex stellt die Verpflichtung des Zentrums zur „Nationalen Arbeit" dar. Dieses Schlagwort meint den politischen Einsatz der Partei zur Wahrung des Allgemeinwohles, eine unter allen politischen Umständen wirksame Denkfigur im Zentrum. Sie verpflichtete die Zentrumspolitiker, alle Bemühungen zur Bewältigung der damaligen Krisen zu unterstützen. Da zu diesem Zweck eine stärker autoritär geprägte Führung auch von der Partei selbst als Ausweg propagiert wurde, war eine Stärkung der Exekutive (vorbehaltlich einiger Verfassungsgarantien) naheliegend. Diese Problematik steht im Zusammenhang mit der in der katholischen Gesellschaftslehre verwurzelten Gehorsamspflicht gegenüber der legitimen staatlichen Ordnung, als die das NS-Regime (zu-

---

[26] Vgl. Junker: Zentrumspartei. S. 113-115, Karl Schwend: Die Bayerische Volkspartei, in: Erich Matthias, Rudolf Morsey (Hg.): Das Ende der Parteien 1933. Düsseldorf 1960. S. 457-519, 491.

[27] Im Falle einer Ablehnung des Ermächtigungsgesetzes fürchteten die Zentrumsparlamentarier die Entfesselung eines Bürgerkrieges durch die Nationalsozialisten, vgl. Morsey: Untergang. S. 106, 134, Becker: Zentrumspartei. S. 348.

[28] Vgl. Morsey: Untergang S. 57, 64, Wolfgang Benz: Geschichte des Dritten Reiches. München 2000. S. 20f.

mindest formal-juristisch) ja 1933 gesehen werden musste.[29] Auch diese Gehorsamspflicht stellt sich natürlich im Rückblick als ein fatales Unterfangen dar.

Ein speziell deutsches Problem stellt die Angst vor dem „konfessionellen Ghetto" dar. Diese Angst beruhte auf der Stigmatisierung der Katholiken als „Reichsfeinde" in der Kulturkampfzeit, die noch im kollektiven Gedächtnis verwurzelt war. Offene Opposition zur „nationalen Erhebung" hätte dem hierbei zugrunde liegenden Vorwurf des „Ultramontanismus", der Fernsteuerung der deutschen Katholiken durch die römischen Autoritäten, neue Nahrung gegeben.[30]

In ihrer Wirkungsmacht zwar diskussionswürdig, aber auf jeden Fall als gegeben anzusehen, sind gewisse ideologische Kongruenzen zwischen Nationalsozialismus und Katholizismus. Diese waren nicht Grundlage der Zusammenarbeit, erleichterten diese jedoch sicherlich in der Praxis. Neben ähnlichen Vorstellungen von autoritärer Führung (vgl. die kirchliche Hierarchie) und einem organisch gewachsenen Staatsaufbau betrafen diese vor allem gemeinsame Feindbilder. Beide „Weltanschauungen" lehnten den Liberalismus und den Marxismus entschieden ab. Die verbreitete Angst der Kirchen vor einem bolschewistischen Umsturz war hierbei von Bedeutung.[31]

Das in der Forschung wohl meist diskutierte Problem im Verhältnis zwischen Zentrum und NSDAP wurde bislang bewusst ausgelassen. Über den Zusammenhang zwischen dem Abschluss des Reichskonkordats und der Zustimmung des Zentrums zum Ermächtigungsgesetz und der späteren Parteiauflösung hat sich eine langjährige und äußerst umfangreiche Kontroverse entsponnen, die hier nicht wiedergegeben werden kann.[32] Allerdings erübrigt

---

[29] Vgl. Junker: Zentrumspartei, S. 135ff, Stehkämper: Protest. S. 114.

[30] Vgl. Morsey: Untergang. S. 125, Stehkämper: Protest. S. 115, Michael Schepua: Nationalsozialismus in der pfälzischen Provinz. Herrschaftspraxis und Alltagsleben in den Gemeinden des heutigen Landkreises Ludwigshafen 1933-1945. Mannheim 2000, S. 665, Christoph Kösters: Christliche Kirchen und nationalsozialistische Diktatur, in: Dietmar Süss, Winfried Süss (Hg.): Das "Dritte Reich". Eine Einführung. München 2008. S. 121-142, 123.

[31] Vgl. Joachim Maier: Die Katholische Kirche und die Machtergreifung, in: Wolfgang Michalka (Hg.): Die nationalsozialistische Machtergreifung. Paderborn 1984, S. 152-167, 158, Kösters: Kirchen, S. 139, Ulrich von Hehl: Die Katholische Kirche im Rheinland während des Dritten Reiches, in: Rheinische Vierteljahresblätter 59 1995, S. 249-270, 252f, Böckenförde: Katholizismus. S. 328f.

[32] Eine aktuelle Zusammenfassung des Forschungsstandes findet sich in Thomas Brechenmacher (Hg.): Das Reichskonkordat 1933 (=Veröffentlichungen der Kommission für Zeitgeschichte Reihe B Bd. 109). Paderborn 2007.

sich die Kontroverse für die hier behandelte Fragestellung weitgehend. Für das praktische Handeln der Parteibasis in Land und Kommune waren diese (oft diplomatischen oder reichspolitischen) Fragen in geringerem Maße handlungsleitend. Von großer Bedeutung sind hingegen die oben dargestellten Gründe für die Zusammenarbeit von NSDAP und Zentrum. Angst, ideologische Zwänge und fatale Fehleinschätzungen bestimmten auch auf der unteren politischen Ebene das Bild.

1.3 Machtübernahme und Gleichschaltung in Baden

Den Erfordernissen der Übersichtlichkeit folgend schließt sich hier ein ereignisgeschichtlicher Überblick zur Gleichschaltung in Baden an. Zu beachten sind hierbei zunächst die Rahmenbedingungen. Im badischen Landtag stand eine vergleichsweise schwache NSDAP den gut positionierten Parteien der (1932 auch in Baden zerbrochenen) Weimarer Koalition gegenüber.[33] Aufgrund kulturpolitischer Streitigkeiten um das Konkordat wurde die vom Zentrum dominierte Staatsregierung Schmitt von der SPD lediglich toleriert, um eine stärkere Radikalisierung zu vermeiden. Dennoch ist das Land Baden insbesondere aufgrund der harten Linie der Regierung gegen politischen Extremismus als vergleichsweise ruhig zu betrachten.[34]

Bis 1933 war die NSDAP auch in Baden eher als Protest- und Krawallpartei aufgetreten, konstruktive politische Arbeit fand kaum statt.[35] Angesichts der Reichstagswahlergebnisse waren sich die Nationalsozialisten allerdings ihrer wachsenden Popularität bewusst, ihre Hoffnung lag in einer Machtübernahme im Reich. So erklärt sich auch die relativ starke

---

[33] Ursächlich sind die zuletzt 1929 (kurz vor der Weltwirtschaftskrise) abgehaltenen Landtagswahlen. vgl. Hans-Willi Schondelmeier: Die NSDAP im Badischen Landtag 1929-1933, in: Thomas Schnabel (Hg.): Die Machtergreifung in Südwestdeutschland. Das Ende der Weimarer Republik in Baden und Württemberg 1928-1933 (=Schriften zur politischen Landeskunde Baden-Württembergs Bd. 6). Stuttgart 1982. S. 82-112, 83.

[34] Vgl. Rehberger: Gleichschaltung S. 25. Zum Badenkonkordat: Susanne Plück: Das badische Konkordat vom 12. Oktober 1932 (=Veröffentlichungen der Kommission für Zeitgeschichte Reihe B Bd. 41). Mainz 1984, die Rolle für die Koalitionsverhandlungen S. 182-194.

[35] Vgl. Schondelmeier: NSDAP. S. 84.

Zurückhaltung auf den untergeordneten Ebenen. Die Erfüllung dieser Hoffnungen am 30. Januar 1933 ging mit Siegesfeiern und unkoordiniertem spontanen Terror einher.[36]

Eine zentralisiertere Lenkung der Bemühungen zur Durchsetzung der nationalsozialistischen Macht begann mit der „Verordnung des Reichspräsidenten zum Schutz des deutschen Volkes" vom 4. Februar 1933. Diese führte in Baden zum Verbot von jeweils fünf Parteizeitungen von SPD, KPD und Zentrum. Daneben bemühte sich die NSDAP um die Wiedereinstellung der wegen ihrer Parteizugehörigkeit suspendierten, entlassenen oder zwangspensionierten Beamten. Gegen beides versuchten sich die demokratischen Parteien mit den gebotenen juristischen und parlamentarischen Mitteln zu wehren.[37]

Der verstärkte „wilde" Terror seitens der SA machte die Lage im Inneren unruhiger und stellte wie auch andernorts die hausgemachte Begründung der Nationalsozialisten für die Einsetzung eines Reichskommissars nach preußischem Vorbild dar. Große Teile der Presse sahen hierfür schon damals keine Begründung.[38]

Nach den Reichstagswahlen vom 5. März hissten die Nationalsozialisten wie überall im Reich auch in Baden Hakenkreuzfahnen auf öffentlichen Gebäuden, um ihren Machtanspruch zu verdeutlichen.[39] Das Ergebnis dieser schon massiv beeinflussten Wahlen[40] diente hierbei als Beleg für die angeblich nicht mehr dem Volkswillen entsprechende Zusammen-

---

[36] Vgl. ebenda. S. 105ff, Katharina Schwindt: Politische Gleichschaltung in Baden und Karlsruhe, in: Frank Engehausen, Ernst-Otto Bräunche (Hg.): 1933 - Karlsruhe und der Beginn des Dritten Reiches. Karlsruhe 2008, S. 23-37, 25f, Johnpeter Horst Grill: The Nazi Movement in Baden 1920-1945. Chapel Hill 1983. S. 243.

[37] Vgl. Rehberger: Gleichschaltung. S. 56-61, 86.

[38] Vgl. ebenda: S. 115. Die Vorgehensweise zeigt sich völlig mustergültig: „Dem totalitären Parteistaat, (…) widersprach die Existenz eigenständiger Länderstaatsgebilde ebenso wie die (…) politischen Parteien. Um diese Hindernisse auszuschalten, gab es das Mittel der zum Einheitsstaat führenden Gleichschaltung von Reich und Ländern durch einen Eingriff von Reichs wegen. Die andere Gleichschaltung erforderte die Gleichschaltung von Staat und nationalsozialistischer Partei unter Beseitigung der Parteien demokratischen Stils. Das missbrauchte Notstandsrecht der Reichsverfassung bot das hierfür notwendige Instrument. Es hieß „Reichskommissar"." Schwend: Volkspartei. S. 480.

[39] Quantitativer Nachweis für das Gesamtreich vgl. Meinzer: Stationen. S. 172.

[40] NSDAP: Baden: 43,9% (Reich:45,5%), Zentrum: 27,8% (11,3%), SPD:11,9% (18,3%), Kampffront SWR: 3,6% (8%), KPD: 9,8% (12,3%).

setzung der badischen Selbstverwaltungskörperschaften und somit als Argument für sofortige Neuwahlen.

Wie auch in den anderen noch nicht nationalsozialistisch beherrschten Ländern im Reich wurde der weitere Gang der Ereignisse zunächst von Berlin aus bestimmt. Gestützt auf den angeblichen inneren Notstand wurde der NSDAP-Gauleiter Robert Wagner zum Reichsstatthalter ernannt, die Staatsregierung trat unter Protest und Anrufung des zuständigen Reichsgerichts zurück, behielt sich aber die Geschäftsführung vor. So sollte immerhin die anstehende Unterzeichnung des badischen Konkordats gesichert werden. Dem gleichen Zweck dienten wohl auch Koalitionsverhandlungen des Zentrumsvorsitzenden Prälat Ernst Föhr. Direkt im Anschluss an die Unterzeichnung des Vertrages trat die Regierung unter Gewaltandrohung der Nationalsozialisten zurück. Staatspräsident Schmitt wurde in Schutzhaft genommen.[41]

Die Regierungsgewalt lag damit bis auf weiteres beim Reichstatthalter Robert Wagner. Durch hinhaltende Maßnahmen und Verfahrenstricks blockierte dieser die Arbeit des Landtags, über den insbesondere das Zentrum weiterhin nach einer Regierungsbeteiligung strebte. Dieser Weg war aufgrund der parlamentarischen Mehrheitsverhältnisse sehr aussichtsreich, allerdings nicht im Sinne der NSDAP. Der Pfad weg von der parlamentarischen Demokratie war bereits vorgezeichnet, was unter anderem in einer Sitzung Wagners mit den kommissarischen Ministern am 14. März deutlich wurde. Hier entwickelte er seinen Zuhörern bereits die damals erst in den folgenden Wochen verabschiedeten Maßnahmen (Ermächtigungsgesetz, Umbildung der Parlamente gemäß Wahlergebnis vom 5. März, Ende freier Wahlen). Wagners Zielvorstellung für die Parteienlandschaft lag in der „Vernichtung des Marxismus und der Niederringung des Zentrums".[42]

Im Rahmen dieser Vorstellungen lagen auch die Ergebnisse der nationalsozialistischen Politik. Grundlage und legale Fassade der Gleichschaltung war die Übernahme von Legislativkompetenzen durch die Reichsregierung in der Verordnung des Reichspräsidenten zum Schutz von Volk und Staat („Reichstagsbrandverordnung") vom 28. Februar 1933. Formell bekräftigt und verfahrensmäßig erleichtert wurde dieses Vorgehen durch das sog. Ermächtigungsgesetz vom 24. März 1933.[43]

---

[41] Vgl. Rehberger: Gleichschaltung. S. 96-103.

[42] Vgl. ebenda. S. 118f.

[43] Vgl. Karl Dietrich Bracher: Die nationalsozialistische Machtergreifung. Frankfurt a. M. 1974. S. 128f.

Auf der Basis dieser Rechtsusurpationen erließ die Reichsregierung die für die Gleichschaltung notwendigen Rechtsakte. Die beiden Gesetze zur Gleichschaltung der Länder mit dem Reich vom 31. März bzw. 7. April 1933 unterwarfen die Länder dem Zugriff der Zentralgewalt. Die demokratischen Vertretungen auf Landes- und Kommunalebene waren nach diesem Gesetz gemäß der jeweiligen Wahlergebnisse der Reichstagswahl vom 5. März 1933 umzubilden. Diesen Prozess begleitete die Ausschaltung der linken Oppositionsparteien. Beides verbesserte die Stimmverhältnisse in den Gremien massiv zugunsten der Nationalsozialisten. Änderungen der Geschäftsordnungen manipulierten die Verhältnisse im gleichen Sinne.

Nach dem Vorbild des Reichstages wurde auch im badischen Landtag nach der weitgehenden Klärung der Lage im Sinne der Nationalsozialisten am 9. Juni 1933 ein Ermächtigungsgesetz verabschiedet. Mit offenen Drohungen und politischen Versprechungen drängte der NSDAP-Gauleiter und kommissarische Ministerpräsident Wagner die Zentrumsabgeordneten, dem Gesetz zuzustimmen. Somit hatte sich auch das badische Landesparlament selbst ausgeschaltet.

In den Gemeinden verliefen ähnliche Prozesse. Hier stellte die NSDAP nach Ausschaltung der anderen Parteien mit Ausnahme des Zentrums in vielen Gemeinden die erforderlichen Mehrheiten. Der Einfluss des Zentrums wurde marginalisiert.[44]

Die weitere Gleichschaltung vollzog sich zum Teil durch die so genannte Selbstgleichschaltung, also durch die entweder freiwillige oder erpresste Einreihung in NS-Nebenorganisationen oder durch Rücktritt. Daneben wurden diese Akte oft auf dem Verordnungswege erzwungen.

Dieses Schicksal widerfuhr auch den meisten katholischen Organisationen. Die Zentrumspartei als Hauptträgerin des politischen Katholizismus löste sich so am 5. Juli 1933 auf. Im Zuge dieser Maßnahmen kam es auch zu einer erneuten Umbildung der Selbstverwaltungskörperschaften, die im Verlauf der Untersuchung besondere Berücksichtigung finden wird. Die in der Politik verbleibenden ehemaligen Zentrumsangehörigen wurden als Hospitanten in die Fraktionen der NSDAP übernommen. So wurden sie Teil des Parteigefüges. Wer sich allerdings weiterhin (im weitesten Sinne) oppositionell betätigte, wurde oft kaltgestellt. Wie und mit welcher Konsequenz dies geschah, hing von zahlreichen Faktoren ab. Ein ähnliches Urteil ist über den kompletten Verlauf der Gleichschaltung zu fällen. Die Machthaber reagierten durchaus individuell verschieden und situationsbedingt angepasst.

---

[44] Tatsächlich gab es noch Gemeinden, in denen das Zentrum die Mehrheit stellte, s. Kap. 5.2.

Neben einer Analyse des Untergangs der Zentrumspartei ist diese Arbeit daher auch ein Schaubild nationalsozialistischer Herrschaftstechnik auf den Ebenen von Kommune und Land, ein Beispiel der Machtübernahme im regionalen Zusammenhang.

1.4   Die verwendeten Archivalien

Der Schwerpunkt der Arbeit auf der Erschließung neuen Aktenmaterials macht zunächst dessen genauere Betrachtung erforderlich. Konkret handelt es sich bei den verwendeten Archivalien um eine vom badischen Zentrumspolitiker Franz Xaver Schmerbeck (s. Kap. 2) zeitnah angelegte umfangreiche Sammlung von zeitgenössischen Schriftstücken, die bislang in Familienbesitz aufbewahrt wurde. Dieser sorgfältige Umgang mit Korrespondenz u.ä. war für den Überlieferer durchaus charakteristisch.[45] Der nahezu archivarisch anmutende Überlieferungszustand dieser Akten legt allerdings den Schluss nahe, dass diese zumindest ab einem gewissen Zeitpunkt mit dem Hintergedanken einer späteren Nutzung zu Rechtfertigungszwecken gesammelt wurden.

Das grob nach Partei- und Kommunalpolitik in zwei Ordner aufgeteilte Konvolut von mehreren hundert Seiten beinhaltet neben Zeitungsausschnitten Teile der politischen Korrespondenz Schmerbecks (vielfach mit Durchschriften eigener Briefe) sowie handschriftliche Einträge zum politischen Geschehen und Protokolle. Schmerbeck kommentierte hierin vor allem politische Veranstaltungen und Treffen mit anderen Politikern.[46]

Die briefliche Korrespondenz und die privaten Notizen waren offensichtlich für den internen Gebrauch gedacht und sind daher sprachlich eindeutig gehalten. Der Quellenwert ist aus diesen Gründen relativ hoch anzusetzen.

Leider schlagen sich einige für die Gleichschaltung wichtige Ereignisse, etwa das Reichskonkordat und das Ermächtigungsgesetz, im neuen Material kaum nieder. Gelegentlich abgeheftete Zeitungsartikel stellen hier das einzige Material dar, persönliche Beurteilungen oder Kommentare fehlen leider. Neben dem generellen Vorbehalt der Eigenzensur zum Selbstschutz ist daran zu erinnern, dass der Zeitgenosse für diese großen Ereignisse und

---

[45] Laut Auskunft der Familie Schmerbeck.

[46] Die Zitierweise lautet in Ermanglung von Archivsignaturen Nachlass Schmerbeck, Ordner Kommunalpolitik (beschriftet Schmerbeck Buchen) bzw. Ordner Parteipolitik (beschriftet 1933 Schmerbeck Buchen), danach Nennung von Dokumenttyp (z.B. Brief) und Datum. Der Nachlass wird seitens der Familie dem Stadtarchiv Karlsruhe übergeben werden.

die dadurch hervorgerufenen tiefen Eindrücke wohl keine Gedächtnisstütze brauchte. Zu beachten bleibt, dass das Material selektiv gesammelt wurde und daher nur ein unvollständiges Bild liefern kann.

Neben dem Nachlass Schmerbeck wurden auch die Protokollberichte des Karlsruher Stadtrates im Jahr 1933 ausgewertet. Leider wurden allerdings die für Vergleichszwecke ebenfalls interessanten Jahrgänge 1932 und 1934 durch Kriegseinwirkung vernichtet.[47]

---

[47] Über den Zugriff auf diese Akten wären bessere Rückschlüsse auf die Entwicklung der kommunalpolitischen Auseinandersetzungen möglich gewesen. Der Blick auf Veränderungen, etwa auf die Zeit vor und nach der endgültigen Machtübernahme ist so leider kaum möglich.

2 Zur Person Franz Xaver Schmerbecks

2.1 Biographisches

Zur korrekten Bewertung des Quellenmaterials bedarf es ebenfalls einiger Bemerkungen zu dessen Überlieferer.[48] Franz Xaver Schmerbeck wurde am 24. Juni 1894 als Sohn eines Schneidermeisters in Karlsruhe geboren. Nach dem Besuch des Gymnasiums schlug er die Gewerbelehrerlaufbahn ein. Hierzu gehörte neben handwerklicher Praxisausbildung auch ein pädagogisches Studium. Auf diese Weise mit einem akademischen Hintergrund ausgestattet wurde er einige Jahre später gebeten, sich dem Altherrenverein der in Karlsruhe neugegründeten katholischen Studentenverbindung Unitas Franco-Alemannia anzuschließen.[49] Daneben war er zeitlebens Mitglied in zahlreichen anderen Vereinen.

Laut einer Abschrift seines Militärpasses begann Schmerbeck am 1. Dezember 1914 seinen Dienst bei einer Fernmeldeeinheit. Bis zum Ausbruch einer schweren Erkrankung im Oktober 1916 wurde er an der Ostfront eingesetzt. Nach der Demobilisierung am 28. November 1918 war Schmerbeck noch einige Zeit im Karlsruher Bezirkskommando tätig. Hier wurde er am 22. Januar 1919 zum Unteroffizier befördert und offensichtlich kurz darauf entlassen.[50] Im gleichen Jahr begann seine Tätigkeit als Gewerbelehrer in Karlsruhe. Aus der Ehe mit seiner Frau Margaret gingen drei Söhne und eine Tochter hervor.

Im schulischen Bereich betätigte Schmerbeck sich vor allem im Fach Staatsbürgerkunde. Ein 1920 von ihm verfasstes Lehrbuch erreichte eine Auflage von 40.000 Stück. Im März 1933 (also parallel zu den hier untersuchten Geschehnissen) legte Schmerbeck die Staats-

---

[48] Dieser biographische Abriss orientiert sich an Manfred Leitheim: Franz Xaver Schmerbeck führte den Kreis Buchen in die Demokratie, in: Unser Land 1999, S. 231-239. Die leider zum Teil sachlich falschen Angaben wurden im Kontakt mit der Familie Schmerbeck berichtigt und darüber hinaus ergänzt. Für ihre freundliche Unterstützung sei der Familie Schmerbeck an dieser Stelle herzlich gedankt.

[49] Dem Unitas-Verband, der die Dachorganisation dieser Verbindung bildet, gehörten zahlreiche katholische Würdenträger und Zentrumspolitiker an. In Baden zu nennen sind hier etwa der langjährige Parteivorsitzende Prälat Schofer und der Finanzminister und Staatspräsident Heinrich Köhler.

[50] Die Abschrift des Militärpasses befindet sich im Besitz der Familie Schmerbeck.

prüfung ab, die ihm den Zugang zum höheren Lehramt ermöglichte. Seit dieser Zeit durfte er den Titel Studienrat führen.[51]

Bestimmend für Schmerbecks Lebensweg wurde vor allem sein politisches Engagement. Seit 1919 gehörte er der Nachwuchsorganisation des Zentrums, den Windthorstbünden, an. Er war maßgeblich an deren Aufbau in ganz Baden beteiligt und bis zur Auflösung des Verbandes 1933 Landesführer. Auch durch diese Tätigkeit stieg er in die Führung des Karlsruher Zentrums auf und wurde Mitglied des Landes- und Reichsausschusses der Partei. 1925 wurde er Stadtverordneter und 1933 Stadtrat in Karlsruhe.

Im Gleichschaltungsprozess nahm Schmerbeck zunächst noch wichtige Posten ein: er wurde Fraktionsführer des Karlsruher Zentrums und Vertrauensmann zwischen der NSDAP und der in Auflösung begriffenen Zentrumspartei. Nach der Abwicklung des Zentrums war Schmerbeck Hospitant der NSDAP-Fraktion im Karlsruher Stadtrat. Zu Ostern 1934 wurde der Gewerbeschullehrer von Karlsruhe ins südbadische Schopfheim versetzt, 1937 dann nach Mannheim. Für den im Katholischen Milieu verwurzelten Zentrumsmann bedeuteten diese Versetzungen eine Bestrafung.

1939 wurde Schmerbeck trotz seines Alters (45 Jahre) zum Dienst in der Heeresverwaltung verpflichtet. Diese Tätigkeit dauerte bis 1945 an. Nach kurzer amerikanischer Kriegsgefangenschaft betätigte er sich sofort wieder in der Politik. Hilfreich waren dabei vor allem die Beziehungen aus der Zeit vor 1933. Schon im September 1945 wurde Schmerbeck auf Empfehlung des in Karlsruhe lebenden ehemaligen Reichsfinanzministers Heinrich Köhler als Bürgermeister in Buchen eingesetzt. Im Jahr darauf wurde er zum Landrat des gleichnamigen Landkreises gewählt. In diesem damals wirtschaftlich unterentwickelten Landkreis erwarb er sich große Verdienste, besonders um die Vertriebenenintegration.

Daneben war Schmerbeck parteipolitisch in der CDU tätig. Aus gesundheitlichen Gründen zog er sich 1964 aus der Politik und von seinen Ämtern zurück. Schmerbeck starb am 22. Juni 1973 an den Folgen eines Schlaganfalls. Für seine Verdienste war er im Laufe der Jahre vielfach ausgezeichnet worden.

---

[51] Hintergrund war wohl die nach Auskunft seiner Söhne anstehende Beförderung zum Rektor der Karlsruher Gewerbeschule, die durch die Machtübernahme der Nationalsozialisten verhindert wurde. Interessanterweise findet diese Benachteiligung im Material keinen ausdrücklichen Niederschlag.

2.2   Schmerbeck als Zentrumsmann

Entsprechend der inneren Aufspaltung des Zentrums war natürlich auch die Haltung der Parteiflügel zum Nationalsozialismus unterschiedlich. Von daher ist auch Schmerbecks Position im Spektrum der Partei zu untersuchen. Diese Prägung war für sein Urteilen zumindest mitverantwortlich, das notwendigerweise Gegenstand dieser Untersuchung ist.

Der wesentlichste Teil von Schmerbecks politischer Tätigkeit war, wie bereits erwähnt, die Führung des badischen Windthorstbundes. Für die organisierte Parteijugend und damit auch für Schmerbeck war das Bekenntnis zur Republik charakteristisch.[52] Ähnlich wie in Teilen der (nicht direkt an die Partei gebundenen) katholischen Jugend war hier die Gegnerschaft zum Nationalsozialismus deutlicher, die Auseinandersetzung härter. Allerdings war auch hier die Vorstellung einer autoritären Umorientierung der Demokratie verbreitet, die zur Beilegung der Krise und damit letztlich zur Sicherung von Staat und Gesellschaft führen sollte.[53] Generell sind die Windthorstbünde dem linken Spektrum des Zentrums (bei aller Problematik dieses Begriffs)[54] zuzurechnen.

Schmerbecks Redebeiträge bezogen sich oft auf die sozialverträgliche Ausgestaltung kommunalpolitischer Maßnahmen.[55] Auch dieses Bild passt eher zur Parteilinken. Orientierung in seiner eigenen Partei hätte Schmerbeck etwa bei Politikern wie Krone und Wirth finden können,[56] die ebenfalls im linken Parteiflügel einzuordnen waren. Bei einer Beurtei-

---

[52] Vgl. Klaus Gotto: Heinrich Krone (1895-1989), in: Jürgen Aretz, Rudolf Morsey e.a. (Hg.): Zeitgeschichte in Lebensbildern Bd. 7. Mainz 1994. S. 265-276, 267, Thomas Knapp: Josef Wirth (1879-1956), in: Jürgen Aretz, Rudolf Morsey e.a. (Hg.): Zeitgeschichte in Lebensbildern (ohne Nummerierung, erster Bd.). Mainz 1973. S. 160-173, hier auch interessante Angaben zur demokratischen Tradition gerade des badischen Zentrums, S. 163.

[53] Vgl. Barbara Schellenberger: Katholische Jugend und Drittes Reich (=Veröffentlichungen der Kommission für Zeitgeschichte Reihe B Bd. 17). Mainz 1975. S. 19.

[54] Die Windthorstbünde vertraten z.B. eine dezidiert großdeutsche Haltung. Sie waren jedoch auch von ihrem Bundesführer Heinrich Krone zur aktiven Mitarbeit im stark sozialdemokratisch beeinflussten Reichsbanner Schwarz-Rot-Gold aufgerufen.

[55] Vgl. StAKA 3/B16a.

[56] Auch das soziale Engagement kommt bei beiden stark zum Ausdruck. Ein weiterer Hinweis ist vllt. ein im Material gesondert aufbewahrter Zeitungsartikel über den Ausschluss Adam Stegerwalds, des Führers des „Gewerkschaftsflügels", aus der Deutschen Arbeitsfront.

lung von Äußerungen Schmerbecks sollte also dieser dem Nationalsozialismus gegenüber grundsätzlich kritischere Ansatz berücksichtigt werden.

Schmerbecks Position in der Parteihierarchie verdient ebenfalls klärende Erwähnung. Durch seine Ämter ist er als hochrangiger Kommunalpolitiker mit Einfluss auf Landesebene zu betrachten. Persönliche Bekanntschaft und weitgehend problemloser Zugang bestand für ihn zu bekannten Politikern wie Eugen Baumgartner und Heinrich Köhler. Persönlich bekannt war ihm auch der Reichsführer der Windthorstbünde und stellvertretende Parteigeneralsekretär, Heinrich Krone. Allerdings scheint hier kein allzu vertrauter Kontakt bestanden zu haben.[57] Auch mit dem für die Gleichschaltung wichtigen MdR Hackelsberger unterhielt er zeitweilig Korrespondenz.[58]

Der Kommunalpolitiker Schmerbeck dürfte angesichts seiner schnellen Karriere durchaus befähigt und ein guter politischer Beobachter gewesen sein. Bei einer kritischen Untersuchung seiner politischen Analysen ist diese Tatsache genauso zu berücksichtigen wie seine recht guten innerparteilichen Kontakte.

---

[57] Ihre Korrespondenz zeigt, dass beide nicht genau über die politische Stellung des jeweils anderen informiert sind. Der darin verwandte vertrauliche Tonfall ist entweder als WB-interne Gepflogenheit zu erklären oder aus der Tatsache, dass beide Mitglieder in Studentenverbindungen des Unitasverbandes waren.

[58] Briefe und Gespräche mit den vier vorgenannten Politikern sind im Nachlass überliefert.

3 Der Prozess der Gleichschaltung im Spiegel der neuen Quellen

3.1 Vergleich mit bisherigen Forschungsergebnissen

Zunächst erfolgt an dieser Stelle ein Überblick über die im untersuchten Quellenmaterial ersichtliche Beurteilung der Ereignisse im Vergleich zu den bisherigen Ergebnissen der Forschung. Die quellenbasierte Aufarbeitung der Einzelfälle erfolgt in den Folgekapiteln. Durch diese Vorgehensweise werden einige Wiederholungen vermieden. Die Darstellung am Einzelfall dient neben ihrer veranschaulichenden Wirkung der Erschließung des Quellenmaterials. Generell ist vorauszuschicken, dass sich die hier untersuchten Quellen weitestgehend in das bisherige Forschungsbild (s. Kapitel 1.2) einfügen.

Unzweifelhaft vorhanden war eine weit verbreitete lethargische Resignation. Nach der Märzwahl schien die Herrschaft der Nationalsozialisten für das Zentrum zur unabänderlichen Tatsache geworden zu sein, ihrer Durchsetzung stellte man sich kaum in den Weg. Arrangements zur Besitzstandswahrung mit den neuen Machthabern wurden gesucht. Hintergrund war wohl die Hoffnung auf eine baldige Normalisierung der Verhältnisse.[59]

Die Aktionen der Nationalsozialisten wurden zum Teil als unglückliche Auswüchse entschuldigt und als Übermut beschönigt.[60]

Im Sinne der von beiden Seiten verkündeten (aber unterschiedlich gemeinten) Sammlung der Nation hoffte das Zentrum auf weitere Mitsprache und eine Lösung der ja tatsächlich drängenden Probleme.[61] Die Machtfülle der Nationalsozialisten war den Zentrumspolitikern bewusst. Ihre Entschlossenheit, diese auch völlig auszunutzen, setzte sich in den Köpfen erst langsam durch.[62] Unterschätzt wurde zudem die Tatsache, dass sich das neue Re-

---

[59] Vgl.: Becker: Zentrumspartei. S. 348.

[60] Vgl. Peter Steinbach: Die Gleichschaltung Zerstörung der Weimarer Republik - Konsolidierung der nationalsozialistischen Diktatur, in: Bernd Sösemann (Hg.): Der Nationalsozialismus und die deutsche Gesellschaft. Stuttgart 2002. S. 78-113, 79.

[61] Vgl. Stehkämper: Protest. S. 120.

[62] Vgl. Rudolf Morsey: Das Zentrum zwischen den Fronten, in: Theodor Eschenburg, Ernst Fraenkel e.a. (Hg.): Der Weg ins Dritte Reich 1918-1933. München 19834. S. 84-106, 89.

gime und die damit einhergehenden Veränderungen zum Dauerzustand entwickeln könnten. Angesichts des Fehlens eigener Möglichkeiten und in Angst vor einer Eskalation der Lage (etwa durch gewalttätige Aktionen zur Durchsetzung des Machtanspruches) versuchte man sich im Übergangszustand einzurichten. So sollten wo möglich Bestandssicherungen erreicht und Einflussmöglichkeiten erhalten werden.[63] Das Fehlen offenen Widerstandes und die Verpflichtung zur Mitarbeit unter allen gegebenen Umständen waren strukturell angelegt. Von besonderer Bedeutung zeigt sich der Faktor der „nationalen Arbeit", der offensichtlich durchgängige Wirksamkeit behielt und die Zentrumspolitiker zu einer nahezu unbedingten Mitarbeit veranlasste (s. Kap.1.2).

Offensichtlich zog sich die Unterschätzung des Gegners lange Zeit hin, die Bereitschaft zur Selbstauflösung war ein Teil dieses Problems. Die Zentrumsleute erwarteten, eine Berücksichtigung ihrer Interessen auch ohne die Partei erreichen zu können. Durch Anpassung innerhalb des Systems wollten sie ihre Arbeit gemäß den Möglichkeiten der Zeit fortsetzen.[64] Auch hierin wird die Verkennung der nationalsozialistischen Absichten, der radikalen Umgestaltung, deutlich.

Der rein reaktive Charakter des politischen Handelns durchzieht das Gesamtbild der Zentrumspartei. Anhand der hier verwendeten Archivalien zeigen sich aber auch innere Unterschiede der Lageeinschätzungen. Die Vertreter des linken Parteiflügels und der Parteijugend waren deutlich kritischer, die offene Auseinandersetzung suchen allerdings auch sie nicht in erkennbarem Maße.

---

[63] Vgl. ebenda. S. 102, Ders.: Untergang. S. 116, 134, 163.

[64] Vgl. Morsey: Untergang. S. 199.

3.2 Hoffnungen und Illusionen - Lageeinschätzung im Zentrum

3.2.1 *Die Märzereignisse und das Zentrum*

Die Bewertung der Lage und die Reaktion auf die in Kap. 1.3 beschriebenen Veränderungen waren durchaus unterschiedlich. In seinen Kommentaren zum politischen Geschehen bezeichnete Schmerbeck den 5. März 1933 als *„den Tag einer legalen Revolution. Er hat der NSDAP auf dem Wege der Wahl in Verbindung mit der Kampffront Schwarz-Weiß-Rot (...) die Mehrheit und damit die Machtfülle gebracht, wie sie in Verbindung mit der Organisation der SA u. SS noch keine Partei in Deutschland noch immer besessen hat."*[65]

Der Zentrumsmann sah in dieser Entwicklung den Beginn einer „Diktatur". Interessant ist vor dem Hintergrund der Zeitungsverbote im Rahmen der „Notverordnung zum Schutz des deutschen Volkes", dass Schmerbeck die „Revolution" als legal betrachtete. Schließlich war hiermit der politische Katholizismus direkt und im Hinblick auf die nötige Wahlpropaganda schmerzhaft angegriffen worden.

Über eine Woche lang gab es nach dem 5. März keine Weisungen oder Besprechungen des Vorstandes über die Zukunft der Partei in Karlsruhe. Die Entwicklung verlagerte sich nach Auskunft der Akten daher weg von den üblichen Parteihierarchien: Im Gespräch mit dem ehemaligen Reichminister und früheren Staatspräsidenten Heinrich Köhler kam Schmerbeck mit diesem überein, „die Aussprache und Stellungnahme in einem kleinen Kreis herbeizuführen." Offensichtlich reagierten hier einflussreiche und vor allem handlungswillige Parteimitglieder mit Eigeninitiative auf die Zögerlichkeit der Parteihierarchie.

Diese Zögerlichkeit war verursacht durch das Ausbleiben von Weisungen seitens der Parteileitung, wie es der Karlsruher Parteivorsitzende Baumgartner Schmerbeck gegenüber erläuterte. Das Problem der ausbleibenden Orientierung von oben, das Schmerbeck zuvor selbst beklagte, setzte sich also auch auf den höheren Ebenen fort. Ursache ist vermutlich das grundsätzliche Fehlen einer kurzfristigen strategischen Planung zum Umgang mit der neuen Situation auch bei der Reichsführung des Zentrums. Auch Berufspolitiker[66] waren offensichtlich nicht zu improvisierten Handlungen willens oder fähig. Resignation schien

---

[65] Nachlass Schmerbeck Ordner Parteipolitik, Eintrag zum 5. März 1933, dort auch die folgenden Quellenauszüge.

[66] Baumgartner war langjähriges MdL, Landtagspräsident und Kultusminister, daher also kein einfacher Parteisoldat und Befehlsempfänger.

damals in weiten Teilen der Parteiorganisation vorzuherrschen, ein Befund, den auch Schmerbeck in seinen Aufzeichnungen festhielt.

Vor allem die Sorge um die sog. Zentrumsbeamten, also die Staatsbeamten mit entsprechendem Parteibuch, trieb die Partei in Baden wieder zu politischer Aktivität an. In der Reichspartei war die Situation ähnlich.[67] Die Beamten, angesichts der starken Veränderungen im Lande verständlicherweise besonders um ihre Zukunft besorgt, kritisierten den badischen Zentrumsvorsitzenden Prälat Ernst Föhr dafür, dass er nicht auf die Angebote einer Regierungsbeteiligung seitens der NSDAP eingegangen war.[68] Als Mitglieder einer Koalitionspartei hätten sich die (Parteibuch-)Beamten weiterhin gesicherte Stellungen erhofft.[69] Allerdings waren die Koalitionsverhandlungen seitens der NSDAP mit der Auflage baldiger Neuwahlen verbunden. Angesichts der Märzwahlen hätten die zu erwartenden neuen Mehrheitsverhältnisse die Situation der Beamten nicht dauerhaft verbessert. Vom Zentrum gezeigtes Wohlverhalten hätte aber evtl. den Druck auf diese Gruppe für den Moment verringert. Offensichtlich gingen die Beamten in Baden Mitte März von einer Weiterexistenz des Zentrums aus, was ihnen weiterhin politische Protektion ermöglichen sollte. Die Wahrnehmung einer Diktatur, die ja definitionsgemäß solche Opposition ausschalten muss, ist in ihrer Haltung nicht zu erkennen. In diesem Fall hätten sie vermutlich die Loslösung von der Partei und die Aufnahme in die NSDAP gesucht. An dieser Stelle muss daher immerhin eine relativ große Parteitreue der badischen Zentrumsbeamten konstatiert werden.[70] Die mehrfach offen angedrohte Vernichtung aller nicht nationalsozialistischen Parteien sahen sie nicht bevorstehen.

---

[67] Vgl. Morsey: Untergang. S. 161.

[68] Föhr gab gegenüber dem damaligen (stellvertretenden) Gauleiter Walter Köhler an, sich mit dem Landesausschuss besprechen zu müssen. Rehberger wertet die Verhandlungen als Hinhaltetaktik, um die Ratifizierung des Badenkonkordats noch zu ermöglichen. Der hierfür einzuhaltende Termin war in greifbare Nähe gerückt, vgl. Rehberger: Gleichschaltung, S. 96.

[69] Zusicherungen für die Zentrumsbeamten gaben die Nationalsozialisten erst Ende März 1933 ab, vgl. Morsey: Untergang. S. 159.

[70] Der Anteil der sog. „Märzgefallenen" in der Beamtenschaft wird allgemein recht hoch veranschlagt, vgl. etwa: Lothar Meinzer: Die Pfalz wird braun, in: Gerhard Nestler e.a. (Hg.): Die Pfalz unterm Hakenkreuz. Landau 1993. S. 39-87, 48.

Einen Blick in die inneren Verhältnisse des badischen Zentrums erlauben Schmerbecks Bemerkungen über den damals gerade zurückgetretenen Staatspräsidenten Schmitt.[71] Dieser habe nicht die Sympathie der Zentrumswählerschaft besessen. Diese Aussage könnte durchaus zutreffen, insbesondere angesichts der sich massiv verschlechternden Wahlergebnisse des Zentrums, die allerdings durchaus im reichsweiten Trend lagen.[72] In der vor allem auf Charisma setzenden politischen Landschaft der späten Weimarer Republik wäre das Beharren auf unpopulären Amtsträgern zweifellos ein schwerer politischer Fehler des Zentrums gewesen.

Noch bezeichnender sind aber die Vorwürfe, die gegen Schmitt erhoben wurden: *„Staatspräsident Dr. Schmitt wird vorgeworfen (...sich) sehr ungeschickt mit seinen Fragestellungen bezügl. der verhängten Schutzhaft benommen zu haben."* Mit den „Fragestellungen" sind vermutlich Schmitts Anfragen über die Möglichkeiten zum Gottesdienst- und Theaterbesuch trotz der verhängten Schutzhaft gemeint. Dem ehemaligen Staatspräsidenten wurde somit vorgeworfen, die auf umstrittener Rechtsgrundlage verhängte Schutzhaft nicht widerstandslos hingenommen zu haben. Ein generelles Bekenntnis zur Wahrung von Recht und Gesetz, sogar die Rechte der eigenen Funktionäre (deren Schicksal ja schließlich auch das eigene hätte sein können) wurde den Interessen der Parteipolitik untergeordnet. Hier ist ein massiver Verfall der inneren Solidarität im Zentrum zu verzeichnen. Der generelle Zusammenhalt der Partei scheint problematisch gewesen zu sein.

Aufgrund dieser Darstellung in den Quellen und dem Fehlen anders lautender Nachrichten ist von einer weitgehenden Zurückhaltung des Zentrums in den Märzwochen auszugehen. Proteste gegen nationalsozialistische Übergriffe und Usurpationen mit legalistischer Fassade wurden zwar formal korrekt geführt; ein auf diese Weise herbeigeführter Machtwechsel ließe aber in einer funktionierenden demokratischen Partei lebhafte Diskussionen erwarten. Hoffnung setzten die Parteifunktionäre und Mandatsträger auf lange Zeit ausbleibende Weisungen der Reichsparteiorganisation. Die badische Landespartei fügt sich auch

---

[71] Vgl. hierzu und im Folgenden Nachlass Schmerbeck, Ordner Parteipolitik, Eintrag zum 15. März 1933.

[72] Vgl. Morsey: Untergang, S. 14. Dieser Rückgang war den Zeitgenossen durchaus bewusst, er führte sogar zu groß angelegten Analysen, vgl. Johannes Schauff: Die Katholiken und die Zentrumspartei. Eine politisch-statistische Untersuchung der Reichstagswahlen seit 1871. Köln 1928.

hier in das bisherige Bild der Forschung ein.[73] Ein anderes Bild zeichnen die hier untersuchten Quellen hingegen von den Windthorstbünden.

3.2.2 *Die Windthorstbünde und der März 1933*

In der Jugendorganisation der Windthorstbünde hat es in Karlsruhe bereits in den Tagen nach der für das badische Zentrum enttäuschenden Reichstagswahl vom 5. März erste Diskussionen gegeben.

Ein sich ebenfalls auf diese Wahl beziehender Brief an die Schmerbeck unterstellten Gauführer vom 17. März spricht eine sehr deutliche Sprache: *„Die Reichstagswahl vom 5. März hat uns ein Ergebnis gebracht, das eine Wende in der deutschen Politik der Nachkriegszeit bedeutet. Die Ereignisse (...) sind unerfreulich und zu verurteilende Begleiterscheinungen, eine über Deutschland neu hereingebrochene Revolution. Soweit sich Terrorakte gegen Zentrumsleute im Lande ereignet haben, bitte ich um sofortige Mitteilung zwecks Zusammenstellung der einzelnen Fälle. Es bedarf wohl keiner besonderen Betonung, daß wir Revolutionen wie die Einstellung, die Macht bestimme das Recht, grundsätzlich ablehnen.“*[74]

In diesem nur an eine äußerst begrenzte Personenzahl und für den internen Gebrauch verschickten Schriftstück folgte die Warnung vor übereiltem emotionalem Handeln. Nüchternheit wurde zum Gebot der Stunde erhoben. Für das Zentrum gelte „in der heutigen schweren Zeit" (womit wohl v.a. die allgemeine Krise gemeint war) die Pflicht zur Mitgestaltung der politischen Verhältnisse, allerdings mit dem interessanten Vorbehalt sofern dieses der Zentrumspartei „von der Gegenseite nicht unmöglich gemacht wird." Die Angehörigen der Windthorstbünde sollten sich in diesem Bemühen besonders engagieren und zielbewusst in den Parteistrukturen mitarbeiten.

Ziel der politischen Bemühungen war Schmerbecks Auffassung nach die Sicherung von Gemeinwohl („Arbeit und Brot") und staatsbürgerlicher Rechte und Freiheiten „in christlicher Auffassung auch bei der Reform des staatlichen Aufbaus Deutschlands als Grundla-

---

[73] Nach Morsey liegt hier „das traditionelle Zentrumsverhalten" vor: „keine (übereilten) Entschlüsse fassen, sondern der Partei- und Fraktionsführung vertrauensvoll das weitere Vorgehen zu überlassen.", Morsey: Untergang, S. 84f.

[74] Nachlass Schmerbeck, Ordner Parteipolitik, Abzug Brief Schmerbeck an WB-Gauführer vom 17. März 1933, dort auch die folgenden Quellenauszüge

gen eines modernen Rechts- und Kulturstaates." Zudem sollte die „volle nationale Freiheit" auf dem „bereits in der Vergangenheit beschrittenem Wege" erreicht werden. „Verhängnisvolle machtpolitische Verwicklungen" seien zu vermeiden. Der Weltkriegsveteran dachte bei dieser Formulierung wohl an die zwar unpopuläre aber bewährte Außenpolitik der Weimarer Koalition und Brünings.

Festzuhalten bleibt also, dass Schmerbeck sich über die brutale Art des neuen politischen Gegners keine großen Illusionen machte, auch die weitgehende Ausschaltung des Zentrums hielt er offensichtlich bereits für möglich. Deutlich wird aber auch, dass er den Tiefgang der nationalsozialistischen Absichten nicht voll erfasst hatte. Die Gleichschaltung im Inneren als „Reform des staatlichen Aufbaus" zu bezeichnen, erfasst die Dimension nicht, vor allem angesichts der bis zum damaligen Zeitpunkt bereits durchgeführten Maßnahmen. Auch die erhoffte Rückführung des außenpolitischen Handelns in die gewohnten Bahnen durch die Nationalsozialisten stellt angesichts deren massiver Agitation gegen die „Erfüllungspolitik" eine Fehleinschätzung dar. Die Wirkung des sog. Zähmungskonzeptes wird v.a. durch den Begriff „Begleiterscheinungen" deutlich. Hierin zeigt sich die Fehleinschätzung der tatsächlichen Kräfteverhältnisse und Absichten der NSDAP.

Die Aufgabe der Windthorstbünde sah Schmerbeck nach wie vor in der politischen Aufklärungs- und Schulungsarbeit. Diese bedürfe unter den neuen Verhältnissen „einer Intensivierung". Befürchtungen einer starken Behinderung dieser Arbeit lässt diese Haltung nicht vermuten.

Besonders wichtig sei die Einbindung von jungen Wählern in eine feste Organisationstruktur. Offensichtlich hoffte Schmerbeck noch auf Wahlen mit demokratischem Potential, also auf eine Normalisierung der Verhältnisse. Er bemühte sich aber sichtlich, seine Organisation trotz der schwierigen Situation bestmöglich auf alle Eventualitäten vorzubereiten. Wesentlich für dieses Vorhaben ist vermutlich auch der Schutz vor einem stärkeren Einbruch der NS-Organisationen in die eigene Parteiklientel. Diesem Zweck diente sicherlich auch die geforderte Einbindung der Jungwähler.

Insgesamt zeichnet der Brief an die Gauführer das Bild einer engagierten und leistungsbereiten Parteijugend. Die Umtriebigkeit passt allerdings durchaus ins Bild einer vorandrängenden Jugendorganisation. In ihren Möglichkeiten waren die Windthorstbünde allerdings beschränkt, ihre Machtmittel waren naturgemäß sogar geringer als die der Mutterpartei. Wie weit die bereits geschilderte Entschlossenheit zumindest bei Schmerbeck ging und worauf er in seinem Verband hinarbeitete, deutet das Fazit zu den politischen Herausforderungen an: „Wird das Zentrum jedoch bewusst abseits gestellt, dann müssen wir uns auf die allerschwersten Kämpfe gefasst machen." Der Wunsch politisch wahr- und ernst genommen zu werden, kommt hier klar zum Ausdruck, auch die Bereitschaft zur Auseinandersetzung. Nicht klar wird hierin allerdings, in welcher Form diese heranziehende Auseinandersetzung geführt werden sollte.

Der Vergleich zwischen Zentrum und Windthorstbünden durch Schmerbeck ergibt für den März 1933 zunächst das Bild einer antriebslosen und handlungsunwilligen Mutterpartei. Dem gegenüber stellt er die Windthorstbünde als eine aktive junge und selbstbewusste Avantgarde hin. Problematisch ist hierbei, dass Schmerbeck durch seine persönliche Verbundenheit zu dieser Organisation evtl. ein zu positives Bild zeichnete. Festzuhalten bleibt in jedem Fall, dass die Wahrnehmung der Bedrohung nicht die volle Dimension der nationalsozialistischen Absichten erfasste. Allerdings war das Bild klarer und die Bereitschaft zum Handeln tendenziell höher als bei der Mutterpartei.[75]

Einen Einblick in die Lagebewertung im Umfeld der Partei gibt das folgende Kapitel.

3.3   Die Tagung des Augustinusvereins am 18. April in Rastatt

Am 18. April 1933 nahm Schmerbeck an einer Sitzung des Augustinusvereins teil. Dieser Verein widmete sich dem katholischen Pressewesen. Schon zur Zeit der Niederschrift eines Gedächtnisprotokolls war sich der Überlieferer offensichtlich über die Dimension des auf dieser Tagung Gehörten klar. Er bezeichnete es in der Einleitung als „von besonderem Interesse".[76] Anwesend waren neben Vertretern der katholischen Presse auch die Spitzenpolitiker des badischen Zentrums, Ernst Föhr und Heinrich Köhler. Beide äußerten auf der Sitzung ihre Ansichten zum Umgang mit den neuen Machthabern in Land und Staat. Ihre Aussagen zeigen, dass selbst von zwei hoch angesiedelten Zentrumspolitikern (Köhler als Ex-Reichsminister und Staatspräsident, Föhr als MdR, MdL und Landesvorsitzender) keine gemeinsame Haltung zum Nationalsozialismus vertreten wurde.

Der Wortlaut des Protokolls zu Föhr lautet: *„Dr. Föhr führte aus, daß es für die nächste Zeit gelte die Nerven zu behalten, daß man größte Zurückhaltung üben müsste bis zum Abklingen der Revolution. Mit den unsicheren gärenden Zuständen könne man aber noch bis mindestens Herbst rechnen. Keine Anbiederung, sondern würdevolle Haltung entspre-*

---

[75] Dieser Trend bestand auch andernorts, vgl. Morsey: Untergang. S. 166.

[76] Die Ausführungen dieses Kapitels stützen sich auf Nachlass Schmerbeck, Ordner Parteipolitik Einträge zur Sitzung des Augustinusvereins am 18. April 1933.

che der Tradition der Partei. Er wandte sich gegen jede Stänkerei in den eigenen Reihen. Eine Loslösung der Presse von der Partei (...) sei abzulehnen." Föhrs Strategie für das Zentrum war somit das Warten auf bessere Zeiten. Hier ist wohl das bereits erwähnte „Zähmungskonzept" zu finden, das die Absichten des „rechten" NSDAP-Flügels verkannte und für die „gärenden Zustände" nur Teile der Partei verantwortlich machte.

Auch ansonsten zeigte sich Föhr als Gefangener der Tradition seiner Partei. Das Entscheidende ist für ihn die würdevolle Haltung und Mitarbeit in der Opposition. Dieses klassische Verhaltensmuster ist in zahlreichen Darstellungen nicht nur für die Epoche der Machtergreifung beschrieben worden (s. „nationale Arbeit" in Kap. 1.2). Auch Föhr sah die Lage als äußerst angespannt („die Nerven zu behalten").[77] Eine konkrete Zukunftsstrategie darüber hinaus bot Föhrs Redebeitrag nicht. Der Landesvorsitzende zeigte sich hierin auf Linie der Partei.

Zu beachten bleibt die Stellung des Parteivorsitzenden als Vertreter des Klerus vor dem Hintergrund der damals gerade begonnenen Verhandlungen um das Reichskonkordat. Offensichtlich erwartete er ein Weiterbestehen des Zentrums. Lauten Protest versuchte er aber vielleicht mit Rücksicht auf die laufenden Verhandlungen zu verhindern.

Klare und unzweideutige Worte fand auf der gleichen Sitzung der ehemalige Staatspräsident Köhler: *„Köhler macht politisch bemerkenswerte Ausführungen: Man sollte jede Anbiederung vermeiden. Wir müssen uns vor denjenigen hüten, die Querverbindungen haben wollen. Wichtig ist der Start unserer Landtagsfraktion. Unser Volk schaut darauf, die Grenzen sind abzustecken. Die Gleichschaltung in den Ländern muss erst noch ihre Probe bestehen. Die Wandlung der Dinge kann uns nicht gleichgültig sein. Der Katholizismus hat hier zu arbeiten. Es gilt vor Optimismus zu warnen. Ich bin Gegner einer Innenpolitik, die ein Arrangement mit den Nazi (sic) sucht. Unser Verhalten gegen Papen war falsch."*

Köhlers Forderung nach klarer Abgrenzung sollte wohl den verunsicherten Zentrumsanhängern Orientierung geben. Zu deren Verunsicherung hatte die am 28. März vorgenommene Neupositionierung der Fuldaer Bischofskonferenz deutlich beigetragen. Diese lockerte die bislang harte Linie der katholischen Kirche gegenüber den Nationalsozialisten, wobei die Verurteilung der NS-Ideologie allerdings in vielen Punkten bestehen blieb.[78] Die Mitglied-

---

[77] Unter Vorbehalt korrekter Wiedergabe durch Schmerbeck.

[78] Vgl. Morsey: Untergang. S. 153ff.

schaft in der NSDAP zog nach Erlass der Bischofskonferenz nicht mehr den Ausschluss von Sakramenten nach sich. Diese Politik erschien dem Klerus mit Rücksicht auf die Situation im Land und auch aus seelsorgerischen Gründen nicht mehr erfüllbar. Dieses Vorgehen war aber motiviert durch Rücksichtnahmen und ist nicht als Ausdruck inhaltlicher Annäherung zu werten.[79]

Um den somit zu befürchtenden Einbruch der NS-Konkurrenz ins katholische Lager abzuwehren, verlangte Köhler eine klare Linie. Die Zentrumsanhängerschaft war bekanntermaßen schon in den Jahren zuvor auf einen Kern zusammengeschrumpft. Durch weitere Annäherung und Verflechtung fürchtete Köhler wohl ein Verwischen der Unterschiede. Damit wäre natürlich auch ein nationalsozialistischer Einbruch selbst in diese gefestigte Klientel erleichtert worden.[80]

Ein Rückzug kam für Köhler offensichtlich nicht in Frage. Seine Warnung vor Optimismus ist hierbei bezeichnend. Nichts desto trotz sah er weiterhin Möglichkeiten. Ob er hiermit allerdings noch auf dem Boden der Tatsachen stand, ist angesichts der bereits vorangeschrittenen Durchsetzung der Nationalsozialisten zweifelhaft.

Bemerkenswert bleibt bei der Stellungnahme Köhlers darüber hinaus der Passus über Papen. Die Kampfstellung gegen Papen-Hugenberg sah Köhler zutreffend als wesentlichen Grund für die Abseitsstellung des Zentrums.[81]

Schmerbeck war sichtlich beeindruckt von dieser Aussage. Eine Einschätzung von vergleichbarer Scharfsinnigkeit lieferte er auf der konstituierenden Sitzung der Karlsruher Zentrumsfraktion am 8. Mai.

---

[79] Auf der Sitzung sprach ein Domkapitular Zanck speziell zu diesem Thema: „Der Bischofserlaß würde das Zentrum nicht umbringen. Auch bei den kirchl. Instanzen sei Taktik notwendig. Die jetzt „vermischte Linie" würde in Bälde wieder klarer sein. Zunächst seien eben auch seelsorgerische Bedürfnisse maßgebend gewesen." Zur Bedeutung der Bischofserklärung vgl. auch Joachim Köhler, Jörg Thierfelder: Anpassung oder Widerstand? Die Kirchen im Bann der "Machtergreifung" Hitlers, in: Thomas Schnabel (Hg.): Formen des Widerstandes im Südwesten 1933-1945. Scheitern und Nachwirken. Ulm. 1994. S. 53-94.

[80] Auch zu diesem Punkt äußerte sich Zanck: „Es erhebt sich allerdings die Frage, ob sich unsere Organisationen von einer Überfremdung durch Mitgl. der NSDAP frei halten können, doch sollte dies möglich sein." Er ging zudem von der Notwendigkeit einer Entpolitisierung der kath. Organisationen aus.

[81] Vgl. Junker: Zentrumspartei. S. 156f.

3.4   Konstituierende Sitzung der Zentrumsfraktion am 8. Mai 1933

3.4.1 *Die Lageeinschätzung der Fraktionsmitglieder*

Die konstituierende Sitzung der gemäß Gleichschaltungsgesetz auf Basis der Märzwahlergebnisse neu besetzten Karlsruher Ratsfraktion des Zentrums ist als kurz gefasstes Protokoll überliefert. Protokollführer war Schmerbeck selbst.[82] Dieses Protokoll zeigt die damalige Einschätzung der Lage und die inneren Zustände des Karlsruher Zentrums.

Der Ortsparteivorsitzende Baumgartner empfahl laut Protokoll eine satzungsgemäße Konstituierung der Fraktion. Das einzige im Protokoll ersichtliche Zugeständnis an die veränderte Situation ist die Vorbereitung von Verzögerungstaktiken, die Ernennung eines Stadt-*verordneten* zum Fraktionsvorsitzenden.[83] Durch diese hätten die Stadt*räte* unerwünschte Verhandlungen oder Abstimmungen mit dem Verweis auf die nötige Absprache mit dem Fraktionsvorsitzenden zumindest vertagen können. Dieser Vorschlag erinnert an eine von Föhr angewandte Verzögerungstaktik bei den Koalitionsverhandlungen im März.[84] Diese bereits damals scharf kritisierte und erfolglose Vorgehensweise erschien Baumgartner dennoch aussichtsreich.

Andere Teilnehmer der Sitzung hingegen sahen dieses Konzept angesichts der neuen Mehrheitsverhältnisse im Stadtrat (und anscheinend nur wegen dieses formaldemokratischen Umstandes, sechs Wochen nach Unterzeichnung des Ermächtigungsgesetzes!) verdientermaßen als überholt an.[85] Illusionen über die bestehenden demokratischen Gestaltungsmöglichkeiten bestanden zu diesem Zeitpunkt offensichtlich immer noch, wenn auch in verschiedener Ausprägung.

---

[82] vgl. Nachlass Schmerbeck, Ordner Kommunalpolitik Protokoll der Fraktionssitzung vom 8. Mai 1933 (Abzug, maschinenschriftlich). Die weitere Darstellung dieses Kapitels bezieht sich ebenfalls auf das Dokument.

[83] Baumgartner schlug Reinhold Frank vor, der später für seine Kontakte zu den Verschwörern des 20. Juli hingerichtet wurde. Dieser lehnte jedoch ab.

[84] Vgl. Rehberger: Gleichschaltung. S. 96.

[85] Reminiszenzen an Föhr finden sich im (kurz gehaltenen) Protokoll nicht, ob diese Analogie eine Bedeutung für die Entscheidung hatte, bleibt daher offen. Die strukturelle Ähnlichkeit beider Fälle ist aber dennoch bemerkenswert.

Bestimmend für den Ausgang der Sitzung war vielmehr eine Wortmeldung Schmerbecks, von ihm selbst im Protokoll als *„Einschätzung der kommunal-politischen Lage"* bezeichnet: *„Die gegenwärtige politische Situation wird kaum Verhandlungsmöglichkeiten geben. Die Nat.[86] können machen was sie wollen. Wenn sie höflich sind, machen sie uns vorher Mitteilung, sie brauchen es aber nicht. Wir werden kaum in der Lage sein, im Stadtrat bereits bei den Nat. in Verbindung mit den Bürgermeistern getroffene Entscheidungen zu beeinflussen, im Bürgerausschuß ist gar nicht mehr daran zu denken, daß Stadtratsbeschlüsse abgelehnt werden können."* Die schonungslose Klarheit und Offenheit dieser Lageeinschätzung ist angesichts der zuvor geschilderten Ausführungen Baumgartners bemerkenswert. Die alleinige Machtausübung durch die Nationalsozialisten wurde von Schmerbeck nicht beschönigt. Dennoch sah auch er Gestaltungsmöglichkeiten im Sinne der Zentrumspartei, allerdings nicht in demokratischen Abstimmungen. Vielmehr empfahl er den Kommunalpolitikern Lobbyarbeit: *„Wenn wir Einfluss auf die Gestaltung der Dinge erhalten wollen, müssen wir vor den Sitzungen mit den Nat. im kleinsten Kreise ins Gespräch kommen."*

Diese Aussage stellt das politische Konzept Schmerbecks für die Gleichschaltungszeit dar. Anwendbar erscheint es vor allem auf Sachfragen.[87] Hierin ist auch der Horizont der kommunalpolitischen Entwicklung zu sehen, wie sie in der Folgezeit stattfand. Die angesprochenen Gespräche „im kleinsten Kreise" sind von Schmerbeck zum Teil als Gedächtnisprotokolle überliefert. Problematisch sind die Voraussetzungen, die für den Erfolg solcher Gespräche gegeben sein müssten.

Zunächst einmal wäre Gesprächsbereitschaft seitens der Nationalsozialisten vorauszusetzen. Diese wäre bei einer derartig auf die Durchsetzung der eigenen Interessen fixierten Partei wie der NSDAP keineswegs selbstverständlich, zumal sie ja eine (auch von außen wahrgenommene) solide Machtposition erreicht hatte. Welche Veranlassung bestand also für die Nationalsozialisten, Gespräche mit den Zentrumsvertretern zu führen?

Zum einen befand sich die NSDAP zu dieser Zeit (Mai 1933) noch in der Phase der relativen Konsolidierung ihrer Alleinherrschaft, auch wenn diese schon stark institutionalisiert war. Wichtige bisherige politische Machtfaktoren ohne große Veranlassung vor den Kopf zu stoßen, kann aber angesichts deren natürlich noch vorhandener Anhängerschaft nicht als

---

[86] Im Protokoll gekürzt, wohl Nationalsozialisten, evtl. auch als Oberbegriff für die zusammenarbeitenden Parteien NSDAP und Kampffront Schwarz-Weiß-Rot (DNVP).

[87] Diese stellen ohnehin den wesentlichen Inhalt der Kommunalpolitik dar.

kluge Option erscheinen. Eine hierdurch selbstverschuldete Gefährdung der inneren Ordnung (als deren Garant die NSDAP ja für sich warb) wäre der Sicherung der Machtposition abträglich gewesen.[88]

Ein weiteres Motiv für die Gesprächsbereitschaft war wahrscheinlich die Ungleichverteilung praktischer Politikerfahrung in den verschiedenen Fraktionen. Die Abgeordneten des Zentrums kannten sich im Gegensatz zu denen der NSDAP mit den Regeln und Gepflogenheiten des politischen Prozesses aus. Die starke Anlehnung der NS-Mandatsträger an ihre Kollegen aus dem Zentrum ist bereits für den Reichstag beschrieben worden.[89]

Die Vertreter der NSDAP wurden von Schmerbeck als nahezu komplett unfähig erachtet.[90] Die Gesprächsbereitschaft der Nationalsozialisten könnte also durchaus der Sachkenntnis ihrer Zentrumskollegen geschuldet gewesen sein. Die Rechnung der Zentrumsvertreter hätte also durchaus aufgehen können. Über die Beeinflussung mit Know-how hätten sie sicherlich auch die eigene Position besser einbringen können als mit ihrer Minderheit in der städtischen Vertretung.

Problematisch für diese Form der Verhandlungsführung war zudem die Zahl der Gesprächsteilnehmer und deren Möglichkeiten, Positionen zur Verhandlung zu bringen. Mit einem satzungsgemäß zusammengestellten und zur inneren Abstimmung verpflichteten Fraktionsvorstand wäre das nicht möglich gewesen. Die Frage einer neu zu besetzenden Fraktionsführung war deshalb ebenfalls Thema der Fraktionssitzung.

3.4.2 *Fraktionsführerschaft - Fassade oder Führerprinzip?*

Die Effektivität von Gesprächen im kleinen Kreise mit NS-Funktionären hing nach Schmerbecks Ansicht davon ab, dass der das Gespräch führende Zentrumsvertreter genau wie die Vertreter von NSDAP und Kampffront Schwarz-Weiß-Rot „alle Vollmachten"

---

[88] Dieser Sachverhalt wurde von großen Teilen des Zentrums wohl massiv überschätzt. Einige Vertreter gingen davon aus, dass ihnen deshalb auch künftig politischer Einfluss zuwachsen würde, vgl.. etwa Nachlass Schmerbeck Brief Anton Schwan an Schmerbeck vom 27. Juli 1933. Zum Problem vgl. Stehkämper: Protest. S. 128.

[89] Vgl. Morsey: Untergang. S. 38.

[90] Vgl. Nachlass Schmerbeck, Ordner Parteipolitik, Notizen unter der Datierung 18. September 1933: „Man gewinnt den Eindruck, daß nach der bish. Zusammensetzung der größte Teil der Bürgerausschußmitglieder der NSDAP für praktische kommunalpol. Arbeit nicht in Frage kommt. Von den Stadträten sind in den Sitzungen bis jetzt nie alle zugegen."

besitzen müsse. Schmerbeck ging rhetorisch geschickt gegen die satzungskonformen, aber faktisch überholten Vorschläge Baumgartners vor. Er lehnte die Wahl eines ordnungsgemäßen Vorstandes nicht ab, agitierte aber im obigen Sinne für die Wahl eines (nicht von der Satzung gedeckten) Verhandlungsführers mit weit reichenden Vollmachten. Sekundiert wurde dieses Anliegen von den Stadtverordneten Werner und Sprauer.[91] Werner sprach sich dafür aus, „nicht lang einen Umweg zu machen, sondern den Verhandlungsführenden Stadtrat, der ja nur Schmerbeck sein könne, zum Fraktionsführer zu bestellen". Sprauer wollte die Vorstandswahl offen lassen, Schmerbeck aber mit den nötigen Vollmachten ausgestattet sehen. Eine vorherige Absprache in diesem Zusammenhang ist angesichts der engen Zusammenarbeit zwischen Schmerbeck und Sprauer und der Wichtigkeit dieser Entscheidung wahrscheinlich. Baumgartner stimmte diesen Plänen zu. Ein regulärer Fraktionsvorstand wurde dementsprechend nicht gewählt, die Ernennung Schmerbecks zum Fraktionsführer wurde vorgenommen.[92]

Festzuhalten ist an dieser Stelle, dass die Zentrumsfraktion hier angesichts der neuen Verhältnisse den Boden der Parteisatzung verließ. Ähnliches war bereits im Umfeld der Märzwahlen zu beobachten, als die parteiinterne Diskussion außerhalb der formellen Strukturen wieder begann. Generell schien dieses Abrücken vom Normalfall der Rationalisierung und Anpassung gedient zu haben.

Naturgemäß mussten diese Entwicklungen Auswirkungen auf die innerparteiliche Demokratie haben. Antidemokratisches Denken lag dem aber nicht zugrunde. Dass allerdings der auch im Zentrum verbreitete Führergedanke[93] die Wahl des Zentrums beeinflusste, ist naheliegend. Das damit zusammenhängende Bild der autoritären Demokratie war schließlich auf die langfristige Sicherung eines freiheitlichen Staatswesens angelegt.[94] Zu beachten ist in diesem Zusammenhang die damals erst zwei Tage zurückliegende Wahl Brünings

---

[91] Beide treten in den Quellen häufig gemeinsam in Erscheinung und waren alte Windthorstbund-Kameraden.

[92] Zur Überlieferung des Protokolls ist an dieser Stelle kritisch anzumerken, dass das Protokoll der nächsten Fraktionssitzung vom 15. Mai die Bestellung Schmerbecks zum Fraktionsführer als Nachtrag behandelt, obwohl diese bereits im alten Protokoll festgehalten ist. Schmerbeck könnte also das Protokoll der Sitzung vom 8. Mai überarbeitet haben. Warum allerdings das wesentliche Ergebnis in der Urschrift gefehlt haben sollte, ist unklar. Evtl. sollte in der Folgesitzung am 15. Mai nur noch das Wesentlichste zusammengefasst werden.

[93] Vgl. Morsey: Untergang. S. 20.

[94] Vgl. ebenda. S. 50.

zum Parteivorsitzenden mit nahezu diktatorischen Vollmachten,[95] die stilbildend gewirkt haben könnte.

Entscheidend war aber gegenüber diesen theoretischen Überlegungen vielmehr die Einsicht, dass sich die Nationalsozialisten künftig nicht mehr auf langwierige Verhandlungen eingelassen hätten. Diese Ansicht wurde auf der Sitzung auch so vertreten. Die schlichte Majorisierung des Zentrums wäre andernfalls die Folge gewesen. Der neue Fraktionsführer war somit eher ein Versuch, immerhin noch katholische Positionen geltend zu machen. Eine ideologische Annäherung an das nationalsozialistische Führerprinzip lag an dieser Stelle nicht vor. Die Einführung des Führerprinzips, ein integraler Bestandteil der Gleichschaltung und daher in diesem Zusammenhang von besonderer Bedeutung, geschahen hier nicht in vorauseilendem Gehorsam oder aus ideologischer Nähe zwischen Katholizismus und Nationalsozialismus. Die Beweggründe waren vor allem taktischer Natur.

In seinen Auswirkungen dürfte dieses Vorgehen allerdings zum Teil automatisch ähnliche Folgen, sprich die Abhängigkeit der Partei von den Entscheidungen eines Einzelnen bzw. einiger Weniger, gehabt haben.

Als Fazit zur Lageeinschätzung des Zentrums (zumindest in Karlsruhe) bleibt: Unterschiede in der Einschätzung der nationalsozialistischen Bedrohung blieben auch im Mai 1933 weiterhin bestehen. Bei Teilen des Zentrums hatte sich die Einsicht, dass aufgrund der nationalsozialistischen Herausforderungen substanziellere Änderungen nötig seien, bereits durchgesetzt. Autoritäre Führungstechniken ergaben sich dabei aus Sachzwängen. Eine Rolle spielten hierbei ebenfalls im Zentrum verbreitete Hoffnungen auf positive Effekte autoritärer Führung. Dass ihr Bemühen um künftigen politischen Einfluss von den Nationalsozialisten gebilligt würde, erschien den Zentrumsleuten aussichtsreich.

Befürchtungen einer Ausschaltung des Zentrums bestanden sicherlich schon bei einigen Parteimitgliedern, allgemein verbreitet war diese Angst aber noch nicht. Bestimmt wurde das Meinungsbild eher durch eine starke Verunsicherung bezüglich der kommenden politischen Entwicklung.

---

[95] Vgl. Ders.: Fronten. S. 102. „In seiner Wahl fand die lange erwartete entschlossene Hinwendung zum Führerprinzip sichtbaren Ausdruck. Dahinter stand der verzweifelte Versuch, in Nachahmung der NS-Führerorganisation in letzter Stunde mittels einer internen Parteidiktatur - die man allerdings bei Brüning in gewissenhaften Händen wusste - die Existenz des Zentrums zu retten."

3.5 Hoffnung für die Zukunft? - Mai bis Juni 1933

3.5.1 *Unklarheit und beginnende Selbstausschaltung - Mai 1933*

Die Unklarheit über die bevorstehende Entwicklung blieb im Zentrum auch in den nächsten Monaten offensichtlich verbreitet. Immer noch zeigten sich verschiedene Lager. Ein Mangel an kompetenter und entschlossener Führung darf hier auch konstatiert werden. Die Partei war im Inneren durch kursierende Gerüchte und eine schlechte Informationspolitik geprägt und verunsichert.[96] Dieser Befund ist auch für das Karlsruher Zentrum zutreffend.

Besonders verunsichernd waren im Mai wohl die Äußerungen von „prominenten Persönlichkeiten" bezüglich einer angeblich unmittelbar bevorstehenden Auflösung der Partei, wie Schmerbeck sich gegenüber Heinrich Krone ausdrückte.[97] Diese leider nicht näher bezeichneten „Persönlichkeiten" dürften eher zu den erfahreneren politischen Beobachtern, wohl aus der Führung des Zentrums, gezählt haben.[98] Der Einfluss ihrer Lageeinschätzung auf das einfache Parteivolk war dementsprechend groß. Die Basis für ein Weiterarbeiten legten solche Äußerungen durch die Parteileitung nicht gerade.[99]

Konfliktträchtig war wohl auch die Frage der Parteiführung, sowohl im Reich als auch in Baden. Die Berufung Brünings, die in dieser Phase der Unsicherheit die starke Führung schaffen sollte, traf im Karlsruher Zentrum keineswegs auf einhellige Zustimmung. Einige Parteimitglieder hielten dessen Berufung für „unglücklich". Grund sei die „schlechte Innenpolitik" Brünings gewesen. Leider ist an dieser Stelle nicht genau ersichtlich, welche Politikfelder zu diesem Missverhältnis geführt haben. Hintergrund war aber wohl auch die unpopuläre Deflationspolitik. Die nachgeordneten Parteiebenen fühlten sich laut Schmerbeck überrascht, eventuell auch übergangen bei der von der Parteielite vorgenommenen

---

[96] Vgl. Ders.: Untergang. S. 171.

[97] Schmerbeck versuchte in einem Brief an Heinrich Krone (als Reichsführer der Windthorstbünde) vom 9. Mai Klarheit zu bekommen, vgl. Nachlass Schmerbeck Ordner Parteipolitik Brief (Durchschlag) an Heinrich Krone vom 9. Mai 1933, auch die weiteren Ausführungen gemäß dieses Schriftstücks.

[98] Evtl. könnte es sich auch um Äußerungen von NSDAP-Vertretern gehandelt haben. Dieser Fall dürfte aber unwahrscheinlicher sein, da dies keine berichtenswerte Neuigkeit gewesen wäre.

[99] Einen ähnlichen Effekt hatte etwa auch die Abreise des Prälaten Kaas und der Rückzug zahlreicher hoher Parteifunktionäre auf Teile der Reichsparteiorganisation, vgl. Morsey: Untergang. S. 167, 169.

Berufung Brünings. Informiert waren sie über Art und Umstände der Einsetzung des neuen Parteichefs jedenfalls nicht.[100]

Auch auf regionaler Ebene stellten sich Führungsfragen: Die von Brüning beabsichtigte personelle Neubesetzung der Partei war bereits nach Baden durchgedrungen. Der hiermit verbundene Ämterverzicht der hohen Parteifunktionäre war allerdings in seinem Umfang noch nicht bekannt. Ob auch der badische Parteivorsitzende Prälat Föhr sein Amt niederlegen würde, war unklar. Gerüchte gab es allerdings einer später tatsächlich in Kraft getretenen Ausschaltung von Geistlichen als Mandatsträger des Zentrums, von der ja auch Föhr betroffen gewesen wäre.

Neben diesen auf eine Kontinuität des Zentrums gerichteten Fragen tauchen in diesem Dokument aber auch neue Ansätze zur Selbstausschaltung des Zentrums auf. „Höhere Beamte" redeten einer Unterstellung der Partei unter Hitler das Wort, denn „für die Partei sei bei der Entwicklung kein Raum mehr." Die Position der Partei an sich wurde also zum Teil bereits als aussichtslos angesehen, mögliche Einflussnahmen sollten innerhalb der NSDAP vorgenommen werden.[101]

Die Problematik des Briefes an Krone liegt neben diesem Befund in der dort gegebenen Innenansicht des Zentrums. Die Mängel in der Kommunikation waren nach wie vor nicht beseitigt. Gerüchte und Unsicherheiten erschwerten die ohnehin schwierige politische Arbeit. Ein funktionierender Informationsfluss zwischen den Parteiebenen bestand nicht. Der Grund für diese Entwicklung lag zum einen in einer Überforderung der Partei und zum anderen wohl auch in wachsenden Strömungen der Selbstgleichschaltung und Resignation.

Das zunehmend eigenmächtige Handeln der Parteiführung, wie es etwa in der Person Brünings zum Ausdruck kam, stellte auch ein Problem für die innerparteiliche Demokratie dar. Allerdings bestand solchen Einstellungen gegenüber schon eine gewisse Gewöhnung. Eine autoritäre Einsetzung eines neuen Landesvorsitzenden von oben hätte von Seiten Schmerbecks keinen Protest hervorgerufen. Vielmehr versuchte er die Umstände zur

---

[100] Inwieweit Schmerbecks Flügelzugehörigkeit hierbei Einfluss auf sein Urteil hat, ist schwer zu sagen. Als Unterstützer der Zentrumslinken hätte er sicherlich auch den damals als Kandidaten vorgesehen Joseph Joos unterstützen können, andererseits besaß Brüning großen Rückhalt in der Parteijugend. Zur Wahl vom 6. Mai 1933 vgl. Morsey: Untergang S. 177f.

[101] Gerüchte und Anschlussagitation gab es damals auch in der Gesamtpartei, vgl. ebenda. S. 168, 174.

Durchsetzung seiner parteiinternen Verjüngungsvorstellungen auszunutzen. Ein Verfall der innerparteilichen Demokratie ist also durchaus zu konstatieren.

Interessanterweise endet der Brief an Krone mit der Bitte um Vertraulichkeit. Da jedoch keine offene Kritik am Nationalsozialismus geübt wurde, war das Motiv hierfür wohl die Vermeidung von Querelen innerhalb des Zentrums. Schmerbeck schien die Verärgerung von Parteifreunden über seine offenherzigen Nachfragen zu befürchten. Am wahrscheinlichsten wäre ein Zusammenstoß mit Föhr gewesen, da das Jungzentrum mit diesem bereits mehrfach aneinander geraten war und einige Passagen des Briefes Hoffnung auf dessen Rücktritt anklingen lassen. Ob er sich selbst auf diesem Weg über Krone in die Landesparteiführung einschalten wollte, ist nicht zu klären, allerdings bittet er darum, die Windthorstbünde bei einer Neuaufstellung zu berücksichtigen. Dass hierfür eher hochrangige Windthorstbündler als politische Neulinge in Frage gekommen wären, versteht sich von selbst. Möglich gewesen wäre daher auch die Berufung des Landesbundesführers Schmerbeck. Der Verzicht auf namentliche Vorschläge im Schreiben an Krone dürfte gerade hierfür ein weiteres Indiz sein. Schmerbeck verzichtete auf eine verpönte Selbstaufstellung, baute aber auch keinen Kandidaten aus seinem Umfeld auf. Ein Wahlvorschlag mit seiner Unterstützung hätte bei Krone sicherlich großes Gewicht gehabt. Ob allerdings ein Kandidat aus der Parteijugend der Gesamtpartei vermittelbar gewesen wäre, ist schwer zu beantworten. Vielleicht hätte sich die autoritäre Art der Neubesetzungen daher zugunsten der Parteijugend auswirken können.

Bezeichnend ist auch die Antwort Krones auf diese Anfragen.[102] Generell verweist er auf die Gültigkeit der „Berliner Beschlüsse", also die Beschlussfassung, weiterhin die normale Arbeit der Windthorstbünde zu betreiben. Die Rednerschulung und die politische Aufklärungsarbeit sollten noch verstärkt werden. Krone sah in dieser Tätigkeit einen wesentlichen Faktor für die Zukunft des Zentrums. Offensichtlich war für ihn, dass dem Bund Kämpfe bevorstünden: „Dass Kräfte im Gange sind, die auch uns (gemeint sind die WB, J.S.) beseitigen möchten, ist klar." Bei seiner Einschätzung des Gegners (der Nationalsozialisten) lag der ansonsten bewährte politische Beobachter Krone anscheinend falsch: er schätzte sie „als nicht allzu stark ein." Dabei sollten doch gerade die Windthorstbünde gefährdet erscheinen: Ihre politische Haltung war eindeutiger als die der Mutterpartei. Zudem waren sie auch strukturell schon schwächer, was ihre Beseitigung erleichtert hätte. Darüber hin-

---

[102] Ab hier bis zum Ende des Abschnitts (soweit nicht anders bezeichnet): Nachlass Schmerbeck Ordner Parteipolitik Brief Krone an Schmerbeck vom 11. Mai 1933.

aus läge das Abschneiden des Nachwuchses in der Logik des Vorgehens bei der Ausschaltung des Zentrums.

Krones Optimismus in diesem Punkt ist deshalb unrealistisch. Vielleicht unterschätzte er die anti-katholischen Kräfte in der NSDAP und hoffte, wie weite Teile des bürgerlichen Lagers, auf eine Mäßigung oder ein schnelles Zusammenbrechen der Nationalsozialisten. Es würde seine ungewöhnliche Lagebeurteilung erklären. Zu beachten ist in diesem Zusammenhang auch, dass sich die Nationalsozialisten zum Zeitpunkt von Krones Brief auf andere Gegnergruppen konzentrierten. Die am Vortag durchgeführten Bücherverbrennungen richteten sich trotz ihrer Zielsetzung „wider den undeutschen Geist" nicht offen gegen den Katholizismus, obwohl diesem ja immer wieder mangelnde nationale Gesinnung vorgeworfen wurde.[103]

Allerdings ist auch ein weiterer Erklärungsansatz für Krones Bewertung denkbar. Der Reichsverbandsführer könnte versucht haben, Führer der untergeordneten Ebenen zur Weiterarbeit zu motivieren. Krone hatte damals eingehende Berichte über eigenmächtig durch die Ortsführung aufgelöste Bünde vor Augen.[104] Schlechte Nachrichten und trübe Zukunftsaussichten zu verbreiten, hätte den Windthorstbünden in dieser Situation nicht geholfen. Resignation ist bei Krone nicht zu erkennen. Er ging Mitte Mai noch davon aus, wenn auch in eingeschränkter Form und bedrängt durch die Nationalsozialisten, katholische Klientelpolitik und vor allem Nachwuchsarbeit für das Zentrum betreiben zu können.

Zu den Umständen der Einsetzung Brünings äußerte sich Krone nicht. Allerdings würde Brüning im Anschluss an eine in Berlin gehaltene Konferenz die von ihm entschiedenen „personellen Änderungen" verkünden. Krone war über beabsichtigte Veränderungen noch nicht informiert. Generelle Einwände gegen die zunehmend autoritäre Führung der Partei, wie sie durch die Wahl und die Kompetenzausstattung Brünings zum Ausdruck kam, hatte auch Krone nicht. Auch er sah sie wohl schon als Notwendigkeit der neuen Verhältnisse. Brüning erschien ihm dabei vielleicht nicht einmal als die schlechteste Lösung.

Bezüglich der Frage nach dem erzwungenen Rücktritt von geistlichen Mandatsträgern teilte Krone mit, dass kein entsprechendes Gesetz in Vorbereitung sei, einige würden aber nach eigenem Entschluss zurücktreten.

---

[103] Vgl. zu den Vorwürfen Morsey: Untergang. S. 144.

[104] Ein solcher Bericht über eine badische WB-Ortsgruppe war ihm beispielsweise mit Schmerbecks Brief vom 9. Mai 1933 zugegangen, s. Anm. 97.

Krone war mit seinen Antworten nicht in der Lage, das Informationsbedürfnis Schmerbecks völlig zu befriedigen. Festzuhalten bleibt angesichts dieses Bildes für den Mai 1933 ein Informationsdefizit im Zentrum. Auch die Berufung Brünings zum Parteiführer war hierbei kein Ausweg. Er konnte die offensichtlich trotz des massiven äußeren Drucks weiter bestehende innere Zersplitterung des Zentrums nicht kitten. Hatten früher Wahlkämpfe das einigermaßen geschlossene Zusammenstehen des Zentrums erzwungen,[105] verfiel die Partei nun in Flügelkämpfe, in denen auch die Selbstgleichschaltung, die Unterstellung unter Hitler propagiert wurde.

Die Parteijugend hielt, mit welcher realistischen Berechtigung auch immer, politische Arbeit des Zentrums auch in Zukunft für möglich. Hierfür wollte Krone die Weichen gestellt wissen.

Im Vergleich zu den Umwälzungen der vorangegangenen Wochen stellte sich die Folgezeit in punkto obrigkeitlicher Maßnahmen bis in die späten Juni-Wochen eher ruhig dar. Das Ziel der Nationalsozialisten war in dieser Phase wohl auch eine Konsolidierung des Erreichten und die Vorbereitung der kommenden Schläge gegen ihre politischen Gegner in allen Lagern.

3.5.2 *Wachsende Resignation - Juni 1933*

Den Auftakt zur neuerlichen Aktionswelle im Juni bildete das SPD-Verbot vom 22. Juni 1933. Zeitgleich ging die Regierung auch gegen die BVP und die christlichen Gewerkschaften vor.[106] Ihre Anführer wurden aus der Deutschen Arbeitsfront (DAF), die ja schon im Mai zum Zwangsrahmen der Gewerkschaftsarbeit geworden war, ausgestoßen. Die freigewordenen Posten wurden mit Nationalsozialisten besetzt. Somit wurde die Gleichschaltung der katholischen Arbeitervertretungen von oben durchgesetzt und vollzogen.

Dieser kraftvolle Rundumschlag gegen politische Gegner sowohl aus dem linken wie auch aus dem christlichen Lager hinterließ bei der verbliebenen Opposition deutlichen Eindruck. Schmerbeck würdigte die Ereignisse durch einen handschriftlichen Kommentar: *„24. Juni: Was soll noch werden? Vorgestern wurden die christlichen Gewerkschaften aus*

---

[105] Vgl. Morsey: Untergang. S. 16.

[106] Vgl. regionale Verschiedenheiten der Maßnahmen, etwa für die Pfalz: Schepua, Provinz. S. 92.

der Arbeitsfront hinausgeworfen.[107] Ersing[108] wurde gestern in Schutzhaft genommen, weil er angeblich eine Opposition sammeln wollte. Man spricht davon, das WB u. DJK (Deutsche Jugendkraft, katholischer Sportverband, J.S.) aufgelöst werden sollen. Die BW ist bereits am 16. Juni aufgelöst worden.[109] Die deutschnationalen Kampfstaffeln haben am 22. Juni dasselbe Schicksal erlitten, der Stahlhelm ist in der SA aufgegangen."

Der grundsätzlich sehr resignierende Charakter dieses Kommentares berücksichtigt das Schicksal der SPD mit keinem Wort. Allerdings ist dem Kommentar ein entsprechender Zeitungsartikel beigeordnet. Interessant ist, dass in diesem Zeitungsartikel auch das Schicksal von SPD-Parteiangehörigen beschrieben wird. Der Verlust des politischen Mandats und der beruflichen Stellung im öffentlichen Dienst, wie er für die SPD-Politiker vorgesehen war, wären im Falle eines Verbotes des Zentrums auch für Schmerbeck ein schwerer Schlag gewesen. Dass ein solches Verbot keineswegs mehr undenkbar erschien, lässt sich nicht nur aus den oben genannten Bemerkungen über die Maßnahmen gegen bürgerliche, rechte und konfessionelle Verbände ersehen. Vielmehr war das Ende des Zentrums, in welcher Form auch immer, für den politischen Beobachter Schmerbeck eher eine Frage der Zeit als eine Frage des Prinzips: *„Wie lange wird das Zentrum noch leben? Wird man eine Form finden, die es ermöglicht auch unter den neuen Verhältnissen, im Bereich des totalen Staates, Politik aus den katholischen Räumen heraus zu betreiben?"*

Trotz der als unabwendbar angesehenen Auflösung des Zentrums deutet sich in diesen Zeilen eine vage Hoffnung auf ein mögliches Weiterarbeiten an. Dadurch wird ersichtlich, dass mit dem Brechen der Parteistrukturen kein Zusammenbruch des politischen Willens einherging. Bestimmend ist die Suche nach einer neuen „Form" für katholische Politik. Hier zeigt sich, dass Schmerbeck die NSDAP nicht als eine nationale Sammlung ansah, die auch den katholischen Volksteil einschloss. Die Ereignisse der kommenden Wochen und Monate hätten ihn wohl von der Richtigkeit seiner ursprünglichen Einschätzung über-

---

[107] Fraglich ist hier, ob ein Missverständnis oder eine bestimmte Erwartungshaltung für diese so nicht korrekte Aussage verantwortlich war.

[108] Württembergisches MdR, Zentrum.

[109] Interessanterweise war die Badenwacht im Gegensatz etwa zur Bayernwacht nicht schon im März als Wehrorganisation aufgelöst worden, vgl. Schwend: Volkspartei. S. 491.

zeugt.[110] Trotz aller Ernüchterung zeigt sich in diesen Bemerkungen zum Zeitgeschehen weiterhin die Wirksamkeit der „nationalen Arbeit". Die Mitarbeit am Staatswesen blieb geboten, ihre Art richtete sich nach den Gegebenheiten der Zeit.

---

[110] Schmerbeck berichtete wenige Tage nach der oben behandelten Niederschrift über eine polizeiliche Durchsuchung seiner Privatwohnung, die ihn sehr verbitterte. Auch eine Annäherung an die AKD (s. Kap. 7.2.) zu späterem Zeitpunkt spricht für die Suche nach einer Alternative zur Partei.

4 Innere Kämpfe, äußere Bedrohung

4.1 Der Generationenkonflikt

Das im Rahmen dieser Arbeit erschlossene Quellenmaterial zeigt massive Auseinandersetzungen innerhalb des badischen Zentrums. Diese brachen keineswegs nach dem Beginn der nationalsozialistischen Herrschaft ab, sondern verstärkten sich trotz des immer gefährlicher werdenden Gegners. Die in den Windthorstbünden organisierte Zentrumsjugend engagierte sich besonders in den innerparteilichen Auseinandersetzungen. Ihr Ziel war eine personelle „Verjüngung" der von ihnen als überaltert wahrgenommenen Parteistrukturen und Parteihierarchien. Die folgenden Abschnitte charakterisieren zunächst die Art der Auseinandersetzungen zwischen Mutterpartei und Jugendorganisation. Spätere Kapitel befassen sich mit anderen internen Belastungen und Strukturproblemen innerhalb der Zentrumspartei und ihrer Gliederungen.

4.1.1 *Die Windthorstbünde als Parteijugend*

Schon vor 1918 gab es Zentrumsvereine unter dem Namen „Windthorstbund". Bei diesen handelte es sich um Schulungseinrichtungen zur Vermittlung der Parteipositionen an das Wahlvolk. Die hier behandelten Windthorstbünde sind eine Neugründung der Nachkriegszeit, die die Erfassung der Jungwählerschaft und die Ausbildung von neuem Führungspersonal für die Partei gewährleisten sollte. Zur Mitgliedschaft ist zu bemerken, dass sie generell für 18-25-Jährige vorgesehen war, die jeweilige Vereinsführung war meist älter.

Die Bünde entwickelten sich bald zu diskursfreudigen Gruppen, die immer wieder in Opposition zur Mutterpartei traten. Das Zentrum selbst war daher vielfach misstrauisch gegenüber zu großer Eigenständigkeit und zu großem Einfluss des Parteinachwuchses. Generell war die grundsätzliche Loyalität zur Partei aber unzweifelhaft.[111]

Die politischen Schwerpunkte der Bünde lagen neben der Friedenspolitik in der Sozialproblematik und dem Schutz der Republik als Staatsform. Diese Punkte sahen sie von der Mutterpartei in der politischen Praxis als unzureichend vertreten, weshalb eine verstärkte

---

[111] Zur Geschichte der Windthorstbünde vgl. Krabbe: Zukunft.

Beteiligung an der Parteiführung gesucht wurde. Diese zeigte sich jedoch kaum empfänglich für die entsprechenden Forderungen, ein Generationenkonflikt war die Folge.

Der zunehmende Druck auf das Zentrum etwa durch die sich verschlechternden Wahlergebnisse führte auch bei den Windthorstbünden zu einer verstärkten Besinnung auf den Katholizismus der Partei und auf die eigene Klientel. Durch diese Probleme wurden die inneren Verhältnisse zunächst scheinbar beruhigt.[112]

Gegen die nationalsozialistische Herausforderung standen die Windthorstbünde loyal an der Seite des Zentrums. Auch dessen autoritäre Wandlungen vollzogen sie mit in der Hoffnung, so die Probleme der Zeit lösen und damit die Grundlagen des Gemeinwesens erhalten zu können.[113] Der Generationskonflikt war aber nach Ausweis der hier untersuchten Akten noch keineswegs beigelegt. Es deutet sich sogar eher eine Verschlimmerung der Problematik an.[114]

Angesichts der bekannten Forschungsthese der Jugendlichkeit des Nationalsozialismus[115] ist allerdings zuvor noch zu untersuchen, ob ein Zusammenhang mit dem Generationenkonflikt des Zentrums besteht.

4.1.2 Die „Verjüngung" und die „Jugendlichkeit des Nationalsozialismus"

Bei der sozialgeschichtlichen Aufarbeitung dieses Problems handelt es sich um ein komplexes Unterfangen, das hier aus Platzgründen nur in Grundzügen geleistet werden kann. Das beherrschende Element der deutschen Jugendbewegung um die Jahrhundertwende war übergreifend gesehen ein diffuser Wunsch nach Veränderung. Sichtbar wurde dieser etwa

---

[112] Vgl. ebenda. S. 94ff.

[113] Vgl. ebenda. S. 106ff, Klaus Breuning: Die Vision des Reiches. Deutscher Katholizismus zwischen Demokratie und Diktatur (1929-1934). München 1969. S. 214.

[114] In aller Kürze angesprochen wird diese Problematik auch bei Morsey: Untergang. S. 166. Die hohe Anschaulichkeit und der von den badischen Protagonisten darum betriebene Aufwand lassen hier aber eine eingehende Beschäftigung mit dem Generationenkonflikt ratsam erscheinen.

[115] vgl. Hans-Ulrich Wehler: Der Nationalsozialismus. Bewegung, Führerschaft, Verbrechen 1919-1945. München 2009. S. 41.

in der freudigen Begrüßung des Kriegsbeginns 1914 in weiten Teilen der Jugend.[116] Die Veränderungen, die der Krieg letztlich mit sich brachte, sorgten für eine Politisierung der jüngeren Generationen, die dementsprechend auch auf eine verstärkte Teilhabe an der politischen Macht hoffte. Ein Aufbegehren gegen die als überaltert wahrgenommenen politischen Strukturen war allgemein die Folge. Die Kommunikation dieses Aufbegehrens war allerdings gespalten. Während zum Teil innerhalb der etablierten Parteien nach Durchsetzungsmöglichkeiten gesucht wurde, bildete sich auch die NSDAP, die wesentlich von Vertretern der Kriegsgeneration geführt wurde und vorgab, deren Anliegen zu artikulieren. Gerade die NSDAP instrumentalisierte die Unzufriedenheit und die Aggressivität der jungen Generation. Zudem wirkte sie durch die vergleichsweise junge Prägung der Partei und den Aktionismus auf diese außerordentlich anziehend.[117] In der Forschung hat sich daher der Terminus der „Jugendlichkeit" des Nationalsozialismus eingebürgert. Das Programm war die Schaffung von etwas grundsätzlich Neuem, v.a. die Abschaffung des Bestehenden.

Der Generationenkonflikt des Zentrums war ebenfalls auf die Durchsetzung der jungen Generation ausgerichtet. Er zeigt sich allerdings als eher konservatorisches Gedankenmodell, sowohl strukturell (Durchsetzung in bestehenden Strukturen) als auch ideell (Veränderung des Schwerpunktes, nicht Umsturz).

Die Unterschiede zwischen beiden Erscheinungen sind somit ersichtlich. Zum Ausdruck kommt aber auch ihre gemeinsame Herkunft aus dem gemeinsamen geschichtlichen Erfahrungsraum. Nach diesen Vorbemerkungen nun zur Untersuchung der Fortentwicklung des Generationenkonfliktes im Zentrum nach der Machtübernahme.

4.1.3 *Kritik aus den Jungzentrumsverbänden*

Die Forderungen nach einer generellen Verjüngung des Parteipersonals waren in ganz Deutschland verbreitet. Die Korrespondenz zwischen Schmerbeck und Krone lässt keinen Zweifel, dass für beide in diesem Punkt kein Diskussionsbedarf bestand.

---

[116] Zu betrachten sind hierbei sowohl die Generation der jungen Kriegsteilnehmer und die im Krieg sozialisierte Generation. Für die späteren Entwicklungen kommt auch die durch Krieg und Nachkriegszeit beeinflusste nächstjüngere Generation hinzu.

[117] Vgl. Krabbe: Zukunft. S. 39, Walter Laqueur: Die deutsche Jugendbewegung. Köln 1983, unveränderte Neuauflage. S. 209.

Die Machtübernahme der Nationalsozialisten hatte die Wahrnehmung des Problems nicht überdeckt, sondern eher verschlimmert. Der Karlsruher WB, der hier als Beispiel dient, beschäftigte sich in den ersten Märzwochen 1933 vor allem mit der mangelnden Handlungsfreudigkeit des Zentrums: *„Innerhalb der Partei beginnt nun der Aufbruch. Fehler der Vergangenheit werden deutlicher herausgestellt, die ungeheure Reformfälligkeit der Parteistellungen sichtbarer und der Ruf nach neuen und jüngeren Kräften in den Parteiämtern immer lauter. Viele der bisherigen Mandatsinhaber können dies nicht begreifen. Viele werden von einer Lethargie befallen, in ihrer Entschlußkraft gelähmt. Parteifreunde schwenken um, ziehen sich zurück.”*[118] Die Schuld für die damalige Misere des Zentrums, die im März 1933 ja längst absehbar geworden war und durch die nationalsozialistische Politik lediglich stärker herausgestellt wurde, suchte man bei den als überaltert angesehenen Parteieliten. Die Windthorstbündler hingegen zeigten bereits in dieser Phase politische Aktivität. Angesichts der Kommentare seitens der Führung blieb die „lethargische” Parteihierarchie auf den Bundesabenden vermutlich nicht ungeschoren.

In der bereits behandelten Sitzung des Zentrums vom 20. März ging es daher unter anderem auch um die Beschwerden der jungen Parteianhänger. In Briefen der „kath. Jugend der Südstadt” wurden „radikale Forderungen auf Rücktritt vieler Mandatsträger und Vorschläge für neue Kandidaten”[119] gestellt. Leider sind in diesem Zusammenhang die Absender nicht näher benannt worden, eventuell waren auch die Briefe lediglich in der zitierten anonymen Art unterschrieben. Die geistige Nähe zu den Forderungen der Windthorstbünde lässt zumindest einen Gutteil der Beschwerdeführer in diesem Kreis vermuten.[120] Entsprechenden zeitgenössischen Vorwürfen seitens des Bruchsaler Windthorstbundes widersprach Schmerbeck allerdings einige Tage später. Offensichtlich bekamen Form[121] und Tonfall der Briefe scharfen Gegenwind. Die Forderung nach der generellen „Verjüngung” allerdings fand durchaus Zustimmung bei Baumgartner, sekundiert wurde diese Forderung auf der Sitzung von Schmerbeck und dem einflussreichen Zentrumspolitiker Köhler. Auf

---

[118] Nachlass Schmerbeck, Ordner Parteipolitik. Eintrag zum 5. März.

[119] Nachlass Schmerbeck Ordner Parteipolitik Eintrag zum 20. März 1933.

[120] Vorstellbar ist, dass sie den eigenen Bund nicht zu einer geschlossenen Initiative veranlassen konnten und daher anonym handelten. Selbstverständlich muss auch die Möglichkeit in Betracht gezogen werden, dass die Windthorstbünde zwar Urheber, aber nicht offene Unterzeichner dieser Briefe waren.

[121] Laut Schmerbeck: „nicht einwandfrei“, evtl. ein weiterer Hinweis auf einen anonymen Absender.

offenen Widerspruch traf die Forderung nicht. Die Briefe sorgten weiterhin für Unruhe: Grund für die Angriffe war anscheinend vor allem, „dass gegen Dr. Föhr als Parteiführer eine solche Mißstimmung bestand, ja mancherorts sogar sein Rücktritt gefordert wurde."[122]

Welche Bedeutung der Angelegenheit beigemessen wurde, zeigt eine Notiz Schmerbecks, dass Föhr auf dem Umweg über den Freiburger Erzbischof Gröber informiert wurde. Gröber wurde zuvor über die Vorgänge in Karlsruhe im persönlichen Gespräch ins Bild gesetzt.[123] Auch in dieser Sitzung behielten die Karlsruher Zentrumsleute ihre wohlwollende Position gegenüber der „Verjüngung" bei.

Bedenklich ist, dass zwar zum zweiten Mal die Berechtigung der Forderungen festgehalten wurde, es aber nicht einmal zu ersten Sondierungen bezüglich der Umsetzung kam. Derartige Verhaltensweisen deuten eher auf eine Hinhalte- und Verzögerungstaktik hin. Die Amtsinhaber könnten versucht haben, die als Aktivposten in der Krisenzeit wertvolle Parteijugend bei der Stange zu halten, ohne jedoch Positionen für sie räumen zu müssen.

Eine entsprechende Verweigerungshaltung bei den etablierten Mandatsträgern zeigt sich entsprechend verbreitet im Zusammenhang mit späteren Personaldebatten.[124] Unter diesen Umständen war allen Unterstützungsbeteuerungen zum Trotz keine Durchsetzung der Verjüngung möglich. Die Verbitterung, die diese Haltung bei der Parteijugend ausgelöst haben muss, zeigt sich bei Schmerbeck in einem Kommentar zur Neubesetzung der Landtagsfraktion: „viele konnten nicht begreifen, daß die Abgeordnetenherrlichkeit so jäh ein Ende haben sollte."[125] Gerade durch den sonst nirgends in den Archivalien durchscheinenden Zynismus in dieser Notiz zeigt sich die tiefe Enttäuschung. Sie ist wohl das Ergebnis enttäuschter Erwartungen angesichts der vorangegangenen Unterstützungsbekundungen.

---

[122] Nachlass Schmerbeck Ordner Parteipolitik Eintrag zum 31. März 1933. Aus diesem Eintrag auch der folgende Absatz.

[123] Angesichts Gröbers zeitweiliger Nähe zur NSDAP verdient der Umstand, dass er über zentrumsinterne Missstände detailliert informiert wurde, zumindest Beachtung. Seine Option für die Annäherung zur NSDAP mag somit auch von einer negativen Einschätzung des Zentrums beeinflusst worden sein. Die Rolle des Klerus in der Zentrumspartei wird in einem Folgekapitel noch behandelt.

[124] Interessanterweise beharrten die Politiker trotz der zunehmend schlechteren innenpolitischen Situation und der von ihnen an den Tag gelegten Lethargie auf ihren errungenen Posten. Im Rückblick hätte man eher die dankbare Übergabe an die „kampfbereiten" jüngeren Kräfte erwarten können.

[125] Nachlass Schmerbeck Ordner Parteipolitik Eintrag zum 9. April.

Allgemein scheint Schmerbeck das Ansehen seiner Windthorstbünde innerhalb der Partei überschätzt zu haben. Durch das Missverhältnis zwischen seinen Vorstellungen und dem Zukunftsentwurf des Parteivorsitzenden Ernst Föhr kam es zu einer Auseinandersetzung zwischen den beiden.

4.1.4 *Der Konflikt zwischen Schmerbeck und Föhr*

Einleitend ist zu bemerken, dass dem folgenden Problemfeld im Rahmen dieser Abhandlung bewusst viel Raum zugebilligt wird. Beim Generationenkonflikt im badischen Zentrum handelt es sich rückblickend um ein Problem von vergleichsweise geringer Bedeutung. Allerdings zeigt es mit großer Anschaulichkeit einen Konflikt, dem von den damaligen Akteuren unangemessen große Beachtung gezollt wurde. Eben diese Anschaulichkeit verdeutlicht auch die Bedeutung persönlicher Einstellungen und Präferenzen für die damaligen Ereignisse.

Der erste in den Archivalien belegte Kontakt zwischen Schmerbeck und Föhr datiert auf den 27. März 1933.[126] Schmerbeck legte Föhr brieflich die Ansichten der Windthorstbünde zu den in absehbarer Zeit anstehenden Kandidatenaufstellungen für den Landtag dar. Sein Anliegen ist die in der Verjüngung gesehene Zukunft der Partei. Diese garantiere eine Erhöhung der Leistungsfähigkeit und sei daher angesichts der erwarteten Verkleinerung der Fraktion unerlässlich, um weiter effektive Politik betreiben zu können. Der Wunsch über diese neuen Kräfte auch neue Methoden und Denkweisen in die Parlamente zu bringen, beinhaltet indirekte Kritik an den bisherigen Mandatsträgern. Diese wurden von Schmerbeck als nicht mehr zeitgemäß betrachtet. Im Hinblick auf den Kontakt zum Wahlvolk bestand wohl ebenfalls ein hohes Maß an Unzufriedenheit bei der Parteijugend.

Auch in den folgenden Wochen suchte Schmerbeck den Kontakt zum Landesvorsitzenden. Im Rahmen der „Erneuerung des Zentrums" mit der die Partei im Mai 1933 auf die neuen Bedingungen reagieren wollte, wurde Föhr zum „Erneuerungskommissar" für Baden ernannt.[127] Ihm, dem bisherigen Landesparteivorsitzenden, oblag daher die Durchführung der vor allem personell gedachten Umstrukturierung der Partei. Über die Entscheidung Brünings, gerade einen bisherigen Amtsinhaber und einen Vertreter der Parteitraditionen

---

[126] Vgl. Nachlass Schmerbeck Ordner Parteipolitik Brief Schmerbeck an Föhr vom 27. März 1933.

[127] Nachlass Schmerbeck Ordner Parteipolitik Brief Krone an Schmerbeck vom 23. Mai 1933.

zur Erneuerung einzusetzen, darf gestritten werden.[128] Wesentlich ist aber, dass Föhr für Schmerbeck der Ansprechpartner in Sachen Verjüngung blieb.[129]

Offensichtlich ging die „Erneuerung" der Partei in Baden schnell von statten. In einem Brief an Schmerbeck vom 25. Mai 1933 bezeichnet Föhr sie als „zum Teil vollzogen".[130] Schmerbeck war allerdings erst in einem Brief mit Datum vom 23. Mai über Föhrs Ernennung offiziell informiert worden. Der Brief Föhrs vom 25. Mai ist ein Antwortschreiben auf eine Anfrage Schmerbecks, die dieser leider nicht in Abschrift seinen Akten beifügte.[131] Inhalt dieser Anfrage war offensichtlich unter anderem die verstärkte Einbindung von Windthorstbündlern in die Parteiarbeit. Unter dem Gesichtspunkt der Erneuerung hätten diese Forderungen natürlich die Aufmerksamkeit der Parteiführung verdient. Föhr verweist Schmerbeck jedoch darauf, „seine Wünsche an Ort und Stelle zur Geltung zu bringen, damit keine Zeit verloren geht." Aktive Förderung durch die Parteiführung fand die „Verjüngung" also wieder einmal nicht.

Ein zweites Anliegen Schmerbecks war eine allgemeine Stärkung der Rolle der Windthorstbünde im Gefüge der Parteiorganisationen. Föhr erteilte dem allerdings eine klare Absage: „*Die Massenorganisation (Hervorhebung bei Föhr, J.S.) des Jungzentrums ist in Baden die Badenwacht. In ihr Gebiet dürfen die Windthorstbünde nicht übergreifen. Dagegen wünsche ich freundschaftliche Zusammenarbeit.*

Ihr Rundschreiben ist in diesem Punkte zu korrigieren."

Der Grund für die Bevorzugung der Badenwacht durch Föhr bleibt leider angesichts der Kürze der obigen Anweisung im Dunkeln. Vorstellbar ist, dass Föhr von der Badenwacht eine höhere Konformität mit der Partei erwartete als von den ja häufig opponierenden Windthorstbünden. Um die Einheit der Partei zu stärken, wäre die Option für die Badenwacht verständlich. Die proklamierte Erneuerung der Partei wäre aber wohl eher im Verein mit Schmerbecks Bünden durchführbar gewesen. Da die Windthorstbünde als eine Art

---

[128] Der Umstand, dass Föhr zu diesem Zeitpunkt erst 41 Jahre alt war, verdient unter diesem Umstand Beachtung. Es handelte sich bei ihm keineswegs um einen „alten Zentrumsmann", dennoch vertrat er von diesen zu erwartende Positionen, s. hierzu auch Kap. 4.2.2.

[129] Schmerbeck weandte sich auch an andere einflussreiche badische Zentrumsleute wie etwa Hackelsberger.

[130] Nachlass Schmerbeck Ordner Parteipolitik Brief Föhr an Schmerbeck vom 25. Mai 1933.

[131] Föhr bezeichnet den Brief Schmerbecks als Rundschreiben, er war also wohl nicht der alleinige Adressat.

Kaderschmiede des Parteinachwuchses eingerichtet waren, könnte ihre Arbeit von Föhr auch als Bedrohung der gewohnten klerikalen Führungsrolle betrachtet worden sein.

Denkbar ist auch, dass schlicht eine persönliche Abneigung Föhrs gegen die Windthorst-bünde vorlag. Er könnte ihnen etwa die von der „katholischen Jugend" unterschriebene Karlsruher Forderung seines Rücktritts angelastet haben. Mit solchen Vermutungen hätte er immerhin nicht allein gestanden.

Die Badenwacht und auch ihr Verhältnis zu den Windthorstbünden war Thema weiterer Besprechungen. Auf einer nicht näher bezeichneten Sitzung am 26. Mai[132] ging es um die Gründung neuer Jungbadenwachtgruppen („männlich oder weiblich").[133] Anwesende Kap-läne meldeten Bedenken an, da mit den Sturmschargruppen des Katholischen Jungmän-nerverbandes schon Gruppen in der gleichen Altersgruppe („volksschulpflichtige Jugend") bestanden. Über diesen Punkt war laut Schmerbeck die „Aussprache lebhaft". Offensicht-lich fürchteten die Geistlichen Konkurrenz für ihre Vereine. Als Lehrer und mehrfacher Vater meldete sich auch Schmerbeck „vom Elternstandpunkt u. vom Standpunkte des Jugendlichen aus". Er äußerte die Angst vor der Überforderung der Schüler durch die Mit-gliedschaft in zwei Organisationen, da schon eine sie „fast zuviel" in Anspruch nehme. *„Die Politik gehört weg vom Schüler. Für den Katholiken kommt nur die katholische Ju-gendorganisation in Frage, die allerdings neue Formen finden muss, wie dies bereits die Sturmscharen usw. anstrebt."*[134]

Obwohl die Entscheidung in diesem Punkte vertagt wurde, stellen die Notizen einen inte-ressanten Punkt dar.

Festzuhalten ist: Schmerbeck forderte die Entpolitisierung der schulpflichtigen Jugend. Diese Forderung eines Schulbuchautors für Staatsbürgerkunde verwundert zunächst. Auch

---

[132] Abgehalten wurde die Sitzung (wie die meisten kleineren Veranstaltungen des Karlsruher Zent-rums) im Canisiushaus. Die Einladung stammte von einem Bezirkspräsidenten namens Wolf. Neben einigen namentlich genannten Zentrumsmitgliedern war auch Föhr anwesend. Der Sitzung wurde also wohl einige Relevanz beigemessen, vgl. Nachlass Schmerbeck Ordner Parteipolitik Eintrag zum 26. Mai 1933.

[133] Es muss zunächst davon ausgegangen werden, dass solche Gruppen tatsächlich den nötigen Zu-lauf gehabt hätten.

[134] Hier ist wohl nicht zuletzt die forcierte Annäherung an das äußere und z.T. auch organisatorische Vorbild der Hitlerjugend zu denken, vgl. Schellenberger: Jugend, S. 15, 24f.

seine Arbeit in einem politischen Jugendverband ließe eine andere Haltung erwarten. Was also veranlasste ihn zu den oben wiedergegebenen Aussagen?

Sicherlich war ein Bestandteil die von ihm vorgebrachte Sorge um die Kinder.[135] Man könnte zudem vermuten, dass ihm die Rolle der katholischen Jugendbewegung für die Milieubindung der Kinder bewusst war, vermutlich hatte er sie in seinem Umfeld häufig genug beobachten können.[136] Die Jugendlichen also effektiv für die Kirche und damit auch letztlich für ihre politischen Ziele zu gewinnen, sah Schmerbeck also als Aufgabe der Kapläne und ihrer Jugendgruppen. Die praktische politische Arbeit wollte er der Partei und ihren Gliederungen überlassen wissen.[137] Hierin bereits Vorbereitungen für ein bevorstehendes Ende der Vereinigungen des politischen Katholizismus ablesen zu wollen, dürfte verfrüht sein.[138]

Allerdings darf auch eine weitere mögliche Begründung für dieses Handeln nicht unbeachtet bleiben. Direkt an den obigen Bericht schließt sich eine Notiz über eine Auseinandersetzung mit Föhr bzw. der Führung der Badenwacht an. Schmerbeck wurde vorgeworfen, keine Informationen über die neuen Richtlinien der Windthorstbünde weitergeleitet zu haben. Er hingegen beschuldigte die Badenwachtgruppen, nicht auf Angebote zur Zusammenarbeit zu reagieren.

Diese unmittelbare Aufeinanderfolge lässt darauf schließen, dass zumindest Föhr einen Zusammenhang zwischen Schmerbecks Stellungnahme und dem Verhältnis Badenwacht-Windthorstbünde vermutete. Ob er damit richtig lag und somit die oben wiedergegebenen Argumente lediglich vorgeschoben waren, um eine weitere Verbreitung der Badenwacht

---

[135] Nicht nur die Sorge vor Überforderung, sondern auch wahrscheinlich die unausgesprochene Angst vor Schäden für Leib und Leben.

[136] Krone leitete etwa seinen Beitrag über die Parteijugend aus dem gleichen Grund bewusst mit einem Überblick über die gesamte katholische Jugendbewegung ein, vgl. Heinrich Krone: Die junge katholische Generation in der deutschen Politik, in: Karl-Anton Schulte (Hg.): Nationale Arbeit. Das Zentrum und sein Wirken in der deutschen Republik. Essen 1929. S. 459-469.

[137] Dass gerade die von ihm empfohlenen Sturmscharen bzw. der Katholische Jungmännerverband noch lange erstaunlich offene Regimekritik leisten sollte, war für Schmerbeck noch nicht absehbar. Sein ältester Sohn sollte interessanterweise später der illegalen Weiterführung der Sturmschararbeit bezichtigt werden, der entsprechende Briefwechsel befindet sich im Familienbesitz.

[138] Bereits behandelte und die unten folgenden Stellen im Archivmaterial verdeutlichen, dass Schmerbeck sich noch mehrere Wochen Hoffnung auf ein Weiterbestehen machte.

zu behindern, entzieht sich letztgültiger Klärung. Unberührt davon bleibt aber die Tatsache, dass das Verhältnis zwischen Föhr und Schmerbeck mehr als angespannt war.[139]

Diese komplizierte Beziehung zwischen zwei wesentlichen Exponenten des badischen Zentrums dürfte die Arbeit der Partei (vor allem in Karlsruhe, wo Schmerbeck als Fraktionsführer einer der einflussreichsten Zentrumspolitiker war) stark beeinträchtigt haben. Auch für die folgenden Wochen zeigte sich, dass sich das Verhältnis trotz formaler Höflichkeit verschlechterte und die Auseinandersetzung persönliche Züge annahm. Eine solche Entwicklung hätte entschlossene Widerstandshandlungen des Zentrums beeinträchtigen können, da der hierfür nötige innere Zusammenhalt und die erforderliche Vertrauensbasis nicht gegeben waren.

Vor einer Verschärfung der Streitigkeiten deutete sich in einem Brief Schmerbecks eine leichte Verbesserung zur Reparatur des Verhältnisses an. Grund war wohl ein umstrittener Artikel des Windthorstbund-Gauführers Heidelberg, Wacker, in der Zeitschrift „Volksgemeinschaft". Aus der erhaltenen Korrespondenz lässt sich schließen, dass er die internen Verhältnisse des Zentrums und dessen politische Möglichkeiten zum Thema hatte.[140] Offensichtlich verärgerte der Artikel die NSDAP-Regierung, weswegen Föhr eine Erklärung gegenüber dem Landesinnenminister abzugeben hatte.[141] Föhr und Schmerbeck waren sich einig, dass Wacker trotz seiner Verdienste aus der Heidelberger Gauführung entfernt werden müsse. Ob hier in vorauseilendem Gehorsam gehandelt oder ob eine Auflage der Regierung umgesetzt wurde, ist nicht feststellbar. Vielleicht handelte es sich um eine taktische Maßnahme, um der NSDAP keinen Anlass für Maßnahmen gegen die Heidelberger Gauorganisation zu geben. Bezeichnend ist aber, dass auch in den der Republik wohlwollend gegenüberstehenden Windthorstbünden Personen wie Wacker keine Unterstützung für ihre Alleingänge fanden.

---

[139] Nach Auskunft der Söhne Schmerbecks setzte sich diese persönliche Abneigung auch nach dem Krieg noch fort.

[140] Erhalten ist die Durchschrift eines Antwortbriefes von Schmerbeck an Föhr vom 11. Juni 1933, vgl. Nachlass Schmerbeck Ordner Parteipolitik. Der vorangegangene Brief Föhrs ist leider nicht enthalten. In diesem Zusammenhang findet sich noch der Antwortbrief Föhrs auf das obige Schreiben.

[141] Er sprach laut Schmerbeck von unglücklichen Formulierungen, die keineswegs zu Aktionen gegen die Regierung aufrufen sollten.

Ebenfalls im Brief vom 11. Juni 1933 bietet Schmerbeck erneut in der Bundesarbeit bewährtes Personal für die Erneuerung des Zentrums an, die „Verjüngung" ist also immer noch Thema in der Partei. In diesem Sinne, und da die Position der Windthorstbünde durch Wackers Alleingang wohl etwas angeschlagen war, unternahm Schmerbeck offenbar einen Versuch, das Verhältnis zu Föhr zu kitten. Er beglückwünschte Föhr zu einer Rede im Landtag, die vom Zeitpunkt her wohl mit dem badischen Ermächtigungsgesetz zusammenhing: Die Bündler seien sich „darüber im Klaren, daß der Weg in die Zukunft für uns sehr dornenvoll ist. (sic) und nur unerschütterliche Treue und Geschlossenheit zum guten Ziele führt." Schmerbecks Formulierung nach wurden in der Rede wie auch in der fünf Tage später gehaltenen Erklärung Föhrs die Vorbehalte des Zentrums (Rechtsgarantien, ethische Bindung des Regierungshandelns) zum Ermächtigungsgesetz thematisiert. Bei beiden zeigt sich weiterhin die Wirksamkeit der „nationalen Arbeit".

Trotz dieser Demonstration der Geschlossenheit war Föhr nicht davon zu überzeugen, die von Schmerbeck vorgeschlagenen Bündler bei der „Erneuerung" zu berücksichtigen. Merkwürdig erscheint bei dieser Absage die Zuordnung der entsprechenden Kompetenzen: Föhr betonte das Wahlrecht des Landesausschusses, versprach aber, für die Berücksichtigung der Parteijugend Sorge zu tragen. Schmerbecks Kandidatenvorschlägen verweigerte er die Annahme, sagte aber ihre Weiterleitung an den Landesausschuss zu. Als Kommissar für die Erneuerung der Partei konnte Föhr vermutlich erheblich mehr Einfluss auf diese Wahlen nehmen als ein normaler Landesvorsitzender. Somit erscheint die obige Argumentation eher als Ausrede für seine Ablehnung des Personals aus den Windthorstbünden.

Als solche wurde diese Mitteilung Föhrs wohl auch aufgefasst. Ein Postskriptum des Briefes hob die Auseinandersetzung zwischen den beiden wohl endgültig auf die persönliche Ebene. Föhr erfragte hierin die Altersstruktur der badischen Bundesführung: „Entsprechend der allgemeinen Tendenz der Jugend Raum zu schaffen, muss ich auch daran denken." Die Empörung des 38-jährigen Schmerbecks angesichts dieser Anfrage des kaum drei Jahre älteren Prälaten und der generellen Missachtung der Verjüngungsforderungen war offensichtlich groß und ist menschlich verständlich. Zum Ausdruck brachte er sie in einem Brief datiert auf den 14. Juni 1933.[142]

Schmerbeck versuchte in diesem Brief zu erfahren, ob das Handeln Föhrs durch seine eigene Person oder durch dessen grundsätzliche Haltung zu den Windthorstbünden bedingt war. Zudem skizzierte er dem Parteivorsitzenden (vermutlich überflüssigerweise) die

---

[142] Vgl. Nachlass Schmerbeck Ordner Parteipolitik Brief Schmerbeck an Föhr vom 14. Juni 1933.

Struktur der Windthorstbünde. Der Landesführer verwies auf die organisatorische Eigenständigkeit und zeichnete das Bild einer Zentrums-Avantgarde,[143] deren Beteiligung an der Verjüngung der Partei eigentlich alternativlos und ohnehin beschlossene Sache gewesen sei. Insbesondere Föhrs Vorgänger Baumgartner und Schofer hätten die Sache der Bünde immer unterstützt.

In Bezug auf die Verjüngung der Bundesführung gab Schmerbeck Föhr einen Überblick über die Geburtsjahrgänge der Landesführerschaft. Diese liegen zwischen 1894 und 1911, die von Föhr angedeutete einseitige Überalterung lehnte Schmerbeck daher ab. Er selbst als ältestes Mitglied der Landesführung habe ohnehin bereits die Entbindung von seinem Amt gesucht.[144] Auf Bitten Krones hätte er den Posten allerdings nochmals übernommen. Die Karlsruher Kommunalpolitik, wo er die Erneuerung der Partei selbst durchzuführen beabsichtigte, würde allerdings die Entpflichtung bald erforderlich machen. Ohne Umschweife wies er Föhr darauf hin, dass in Karlsruhe bereits „fast alle Fraktionsmitglieder" aus den Reihen der Windthorstbünde stammten. Offensichtlich hatten diese sich bei den vorangegangenen Neubesetzungen durchsetzen können. Der Grund ist in der engagierteren Haltung und Führung zu suchen. Zudem ist zu beachten, dass in den Bünden der Wille zur Weiterarbeit stärker war als in anderen Kreisen der Partei, deren Vertreter somit Plätze frei machten für jüngere Kräfte.[145]

Mit diesem Brief vom 14. Juni endet die Korrespondenz, die Aufschluss über den offensichtlich vorliegenden Generationenkonflikt und die Streitigkeiten um die Rolle der Jugendorganisationen gibt. Der Grund hierfür liegt auf der Hand: Am 16. Juni erfolgte das Verbot der Badenwacht, die nächsten Wochen sahen das Ende der Zentrumspartei und damit auch das der Windthorstbünde.

Vor diesem Hintergrund erscheint es daher sinnvoll, die Auswirkungen der oben geschilderten vielschichtigen Auseinandersetzung noch einmal zusammenzufassen. Auch nach

---

[143] „Es handelt sich nicht in erster Linie darum, über die W.B. ein (sic) Verjüngung der Partei durchzuführen, sondern vor allen Dingen darum, die WB in ihrer für die Partei bedeutungsvollen Eigenschaft als Parteischule in die Partei einzubauen. Es ist doch in Wirklichkeit so, daß die WB-Mitglieder außer der regeren Tätigkeit einen noch größeren Beitrag entrichten als die große Masse der Parteimitglieder."

[144] Leider ist auch hier ein Zusammenhang mit einer beabsichtigten Parteikarriere nicht belegbar.

[145] Vgl. Michael Kißener: Der Widerstandkreis um den Karlsruher Rechtsanwalt Reinhold Frank. Manuskript eines Vortrages anlässlich der Europäischen Kulturtage in Karlsruhe im Mai 1994. S. 3.

der Machtübernahme der Nationalsozialisten gab es einen Generationenkonflikt im Zentrum. Dieser scheint ebenso wie die „Jugendlichkeit" des Nationalsozialismus ein Ausfluss einer in den 30er Jahren verbreiteten gesamtgesellschaftlichen Strömung zu sein. Beide Phänomene unterscheiden sich allerdings strukturell. Im Mittelpunkt des Generationenkonfliktes nach der Machtergreifung stand die stärkere Einbindung jüngerer Kräfte innerhalb der Partei und als Mandatsträger. Diese sollte als Reaktion auf die Machtübernahme der Nationalsozialisten die Handlungsfähigkeit der Partei steigern. Auf die innerparteiliche Zusammenarbeit hatten diese Forderungen negative Auswirkungen.

In der badischen Parteispitze entspann sich über die Rolle der Nachwuchsorganisationen ein langwieriger, aber wohl ergebnisloser Streit zwischen Schmerbeck und Föhr. Dieser Streit wie auch die dadurch letztlich ungeklärte Frage des Verhältnisses zwischen Badenwacht und Windthorstbünden schränkte die Schlagkraft der Partei als Ganzes ein.

Allgemein muss allerdings festgehalten werden, dass diese Auseinandersetzungen die grundsätzliche Parteiloyalität der organisierten Jugend nicht in Frage stellten. Dass sich hohe Reibungsverluste einstellten, war aber nach Lage der Dinge nicht zu vermeiden.

4.2   Honoratioren und Kleriker - Probleme der Parteistruktur

4.2.1 *Das Zentrum als schlecht organisierte Honoratiorenpartei*

Das Zentrum trug auch 1933 noch wesentliche Züge einer Honoratiorenpartei. Im Widerspruch dazu standen bereits seit Jahren die Größe und die politische Bedeutung der Partei.[146] Andere wichtige Parteien der damaligen Zeit hatten bereits erheblich mehr Sorgfalt auf die Leistungsfähigkeit ihrer inneren Organisation verwendet. Ein Grund hierfür lag in den Möglichkeiten des Zentrums, auf die Ressourcen und Möglichkeiten der katholischen Kirche zurückgreifen zu können. Die Partei selbst stand organisatorisch auf einer äußerst schmalen Basis, ihre Leistungsfähigkeit hing somit stark von den Fähigkeiten des jeweiligen Mandatsträgers ab. Da diese sich im Zuge der Machtergreifung oft verängstigt oder lethargisch zeigten, war auch die Handlungsfähigkeit der Partei eingeschränkt. Eine etablierte Hierarchie mit bürokratischen Institutionen, etwa mandatslose Parteiangestellte, die mit der Planung politischer Aktionen beschäftigt waren und die Mandatsträger im Tages-

---

[146] Zur Führung und Struktur des Zentrums vgl. Morsey: Untergang. S. 27-43, 219.

geschäft entlasteten, fanden sich beim Zentrum eigentlich nur in der Reichszentrale.[147] Kontinuität auch bei starken Veränderungen in der politischen Landschaft war so vor allem auf Landes- und Kommunalebene schwer sicherzustellen.

Ein weiteres Problem ergibt sich aus der in den oben beschriebenen Mängeln bedingten Beanspruchung der Parteifunktionäre. Betrachtet man führende Zentrumsleute in Baden, so wird die starke zeitliche und körperliche Belastung sehr deutlich.[148] Die Leitungsfähigkeit organisierter Berufspolitiker[149] konnten die Zentrumsmänner (und bis Mitte 1933 auch -frauen) nur mit höchstem persönlichen Einsatz erreichen. Der schlechte Organisationsgrad und die Überbeanspruchung allein durch das politische Tagesgeschäft hätten eine stärkere Konfrontation mit dem politischen Gegner erheblich erschwert.

Auch die wirtschaftliche Lage der Mandatsträger und Funktionäre bot Probleme. Zum einen hatte die Obrigkeit auf viele von ihnen (Beamte oder öffentlicher Dienst) erhebliche Angriffsflächen in Bezug auf das Dienstverhältnis. Die Möglichkeit beruflicher Nachteile war den Akteuren zumeist bewusst, die daraus resultierenden Konsequenzen stark vom jeweiligen Charakter abhängig. Während sich einige erst nach massiven Restriktionen aus der Politik zurückzogen, gaben andere in vorauseilendem Gehorsam ihre Parteimitgliedschaft auf. Bezeichnend sind etwa bei Schmerbeck geschilderte Fälle von aufgelösten Windthorstbünden, die durch Lehrer geführt wurden.[150]

---

[147] Vgl. Krabbe: Zukunft. S. 28f.

[148] Als Beispiele: Prälat Dr. Ernst Föhr: gleichzeitig MdL und MdR, Fraktionsvorsitzender im Landtag und Landesparteivorsitzender. Diese Ämterkombination dürfte zu einer außerordentlichen Reisebelastung geführt haben. Franz Xaver Schmerbeck: berufliche Belastung als Gewerbeschullehrer (mehrfach bei wichtigen Parteiveranstaltungen dienstlich verhindert), Landesbundesführer der Windthorstbünde (dazu kommissarische Mitverwaltung einiger Pfälzer Gruppen), Mitglied des WB-Reichsführerringes, Mitglied im Landesparteiausschuss, Stadtrat von Karlsruhe, daher im Aufsichtsrat öffentlich-rechtlicher Körperschaften, Fraktionsführer im Karlsruher Stadtrat, starke regionale Reisetätigkeit.

[149] Beispiele hierfür finden sich in den Biographien der NS-„Parteisoldaten", vgl. Kißener, Scholtyseck (Hg.): Führer.

[150] Vgl. Nachlass Schmerbeck Ordner Parteipolitik Durchschlag Brief Schmerbeck an Krone vom 9. Mai 1933.

Allgemein gab es finanzielle Schwierigkeiten im Zentrum.[151] Auch bei den Untergliederungen bestand in dieser Hinsicht offensichtlich ein Problem. Hackelsberger wurde etwa im Nachtrag zu einem Brief für die pünktliche Überweisung seines Windthorstbund-Mitgliedsbeitrages gedankt. Selbst der verschwindend geringe Betrag von 10 RM wurde als hilfreich bezeichnet.[152]

Offensichtlich gab es also ein Problem mit der Zahlungsmoral und den Parteifinanzen. Die hohen Kosten der vergangenen Wahlkämpfe dürften hierzu einen Teil beigetragen haben, die Wirtschaftskrise ebenfalls. Die finanziellen Schwierigkeiten hätten die Organisation großer Kampagnen mit Sicherheit erschwert, wenn nicht gar verhindert.

Problematisch war auch die generelle Verfügbarkeit der politischen Funktionäre. Schmerbeck selbst etwa war in einer Phase des Gleichschaltungsprozesses auf der lokalen Ebene nur äußerst schwierig zu erreichen. Er befand sich während der Neubesetzung der Stadtratsposten, vermutlich nicht zuletzt wegen der Belastungen der vergangenen Monate, auf Kur. Die Anträge der ehemaligen Zentrumsleute, auch weiterhin fraktionslose Mitglieder im Stadtrat bleiben zu wollen, sammelten sich in Karlsruhe bei Schmerbecks Ehefrau, die für ihn Sekretärinnenaufgaben übernahm. Diese Tatsache illustriert sehr anschaulich, wie personenabhängig die Parteiorganisation des Zentrums speziell auf der lokalen Ebene war.

Generell zu beobachten ist auch die Tendenz, unbequeme Entscheidungen nicht selbst zu fällen und damit zu verantworten, sondern eher auf Weisung von oben (also seitens der Landes- oder Reichszentrale) zu warten.[153] Dieses Verhalten ist natürlich kein Sonderfall des Zentrums. Hier traf es aber mit einer miserablen internen Kommunikation zusammen. Angesichts der bereits geschilderten Mängel war wahrscheinlich auch die Tendenz zur Eigeninitiative geringer, schließlich hätten eigenverantwortliche Aktionen bereits auf höheren Ebenen laufende Initiativen stören oder gefährden können. Neben Überforderung, Angst und allgemeiner Konzeptionslosigkeit findet sich hier ein weiterer Erklärungsansatz für die geringe Aktivität des Zentrums auf allen Ebenen.

---

[151] Vgl. Morsey: Untergang. S. 40, 212, Martin Schumacher: Zwischen "Einschaltung" und "Gleichschaltung". Zum Untergang der Deutschen Zentrumspartei 1932/33, in: Historisches Jahrbuch 99 1979. S. 268-303, 280.

[152] Vgl. Nachlass Schmerbeck Ordner Kommunalpolitik Brief Schmerbeck an Hackelsberger vom 16.7.1933.

[153] Vgl. Anm. 73.

Aus dieser Untersuchung der Probleme innerhalb der Parteistrukturen ergibt sich die Frage, wie sich die politische Arbeit der weiterhin aktiven Zentrumsmänner nach der Auflösung der Partei gestaltete. Diese Frage wird nach einer Betrachtung der Rolle von Klerikern in den letzten Monaten des Zentrums ebenfalls untersucht werden.

4.2.2 Geistliche als Politiker - die kirchliche Rückbindung des Zentrums

Als faktisch konfessionelle Partei besaß das Zentrum immer eine starke Rückbindung an die katholische Kirche.[154] Speziell in der Endphase der Weimarer Republik wurde diese bewusst von der Parteielite betont, um sie als letzte Klammer der immer weiter auseinanderdriftenden Parteiflügel zu nutzen. Diesem Zweck diente etwa die Berufung von Kaas als Parteivorsitzenden.[155] In Baden lag die Führung schon seit Jahren in den Händen von Geistlichen. Die in den Archivalien geschilderte Rolle der Kirche entspricht den bisherigen Ergebnissen der Forschung zu diesem Thema.

An zahlreichen Versammlungen nahmen Geistliche teil. Wie bereits gezeigt, wurde auch die Kirchenführung über die Situation in der Partei informiert.[156] Offensichtlich war die Partei bemüht, den Klerus informiert zu halten. Diese Haltung verwundert nicht angesichts der starken kirchlichen Verwurzelung der meisten Parteifunktionäre. Aus dem gleichen Grund war auch die Meinung und Haltung des Klerus wichtig für die politische Konzeption des Zentrums. Diese wurde nicht nur über die amtlichen Veröffentlichungen der Kirche verbreitet. Auch die Arbeit der Geistlichen im Vereins- und Verbändewesen[157] des deutschen Katholizismus hatte hierbei eine große Bedeutung.

Ein Beispiel für diesen Einfluss und das Programm, welches der Klerus (zumindest zum damaligen Zeitpunkt) im Zentrum vermitteln wollte, findet sich im unter anderen Gesichtspunkten bereits behandelten Protokoll der Sitzung des Augustinusvereins vom 18. April. Neben Mitgliedern der Zentrumsführung nahmen an diesem Treffen Vertreter des katholischen Pressewesens, also Journalisten und die entsprechenden Beauftragten der

---

[154] Vgl. Morsey: Untergang. S. 13, Böckenförde: Katholizismus. S. 319.

[155] Vgl. Morsey: Untergang. S. 18, 27, Aretin: Ende. S. 238.

[156] Erzbischof Gröber und die anonymen Rücktrittsforderungen gegen Föhr, s. Kap. 4.1.3.

[157] Die Nähe dieser Gruppen zum Zentrum deutet sich schon in der Selbstdefinition des Zentrums als „Bewegung" an. Der hier auftretende Differenzbetrag zur Nennstärke der Partei ist wohl in diesen Organisationen zu verbuchen, vgl. dazu auch Stehkämper: Protest. S. 135f.

Kirche, teil. Auf ihre Funktionen reduziert sind diese also durchaus als einflussreiche Meinungsmacher zu charakterisieren. Welche Lageeinschätzungen und welches Programm wurden diesem Personenkreis also seitens der Kirche präsentiert?

Übernommen wurde diese Aufgabe offensichtlich vom Domkapitular Dr. Zanck.[158] Dieser suchte zunächst Verständnis für die Veränderungen in der Haltung der Kirche zur NSDAP. Besonders aufschlussreich ist sein Kommentar zum erst wenige Tage alten Erlass der deutschen Bischofskonferenz, der faktisch die NSDAP-Mitgliedschaft auch für Katholiken kirchlicherseits erlaubte, statt diese mit Kirchenstrafen zu belegen: *„Der Bischofserlaß würde das Zentrum nicht umbringen. Auch bei den kirchl. Instanzen sei Taktik notwendig. Die jetzt „vermischte Linie" würde in Bälde wieder klarer sein. Zunächst seien eben auch seelsorgerische Bedürfnisse maßgebend gewesen.*"[159]

Diese Aussage Zancks entspricht den bisherigen Forschungsergebnissen zur Entstehung der Bischofserklärung.[160] Sollte die obige Fassung seiner Aussagen dem gesprochenen Wort entsprechen, wäre diese Offenheit trotz des vertrauenswürdigen Zuhörerkreises immer noch bemerkenswert.[161] Die Aussage über die Klärung der „vermischten Linie" dürfte auf die damals noch weit verbreitete Hoffnung auf eine bevorstehende Schwächung der NS-Bewegung zurückzuführen zu sein. Sie zeigt ein weiteres Mal die fatale anfängliche Unterschätzung des Nationalsozialismus durch große Teile der Kirche. Offensichtlich erwartete man nach einer Schwächung des damals bereits etablierten Regimes wieder einen größeren eigenen Aktionsradius. Zu beachten ist allerdings, dass die auf genau solche Befindlichkeiten abzielende Regierungserklärung vom 23. März 1933 mit ihren Lip-

---

[158] Neben Zanck waren auch andere Geistliche anwesend, ihre Redebeiträge sind aber außer dem Föhrs nicht wiedergegeben. Föhr beschränkte sich auf die Sicht der Partei.

[159] Nachlass Schmerbeck, Ordner Parteipolitik, handschriftlicher Eintrag zur Tagung des Augustinusvereins vom 18. April. Bei einer Quellenkritik der Äußerungen Zancks ist zu beachten, dass es sich um ein in indirekter Rede abgefasstes inoffizielles Protokoll handelt. Überspitzungen oder unbeabsichtigte Verschärfungen des tatsächlichen Wortlautes könnten somit im Rahmen der Niederschrift durch Schmerbeck entstanden sein.

[160] Vgl. Köhler: Anpassung. S. 57ff.

[161] Solche Aussagen hätten von NS-Propagandisten leicht als Beweis für die nationale Unzuverlässigkeit des Katholizismus umgedeutet werden können.

penbekenntnissen zur Wertschätzung der christlichen Konfessionen zumindest auf Zanck keinen großen Eindruck gemacht hatte.[162]

Auch für die Parteipresse (für die der Augustinusverein gewissermaßen Dachverband war) hatte der ranghohe Geistliche programmatische Empfehlungen: *„Er empfehle nicht die Loslösung der Presse von der Partei. Wohl berge dieser Doppelcharakter bei der Empfehlung der kath. Presse für Bischöfe und Geistliche ein Risiko in sich. Aber man müsse es dennoch tun. Wir müssen in unseren Zeitungen jedoch das katholische stärker zum Ausdruck bringen. Doch kann sie kein Organ der kath. Aktion werden, deshalb Parteipresse kath. Charakters."*

Bemerkenswert ist dies hinsichtlich der zum Teil in der Forschung erhobenen Vorwürfe gegen die Kirchenführung, dem politischen Katholizismus zur Förderung der erst kürzlich begründeten katholischen Aktion weitgehend die Unterstützung entzogen zu haben.[163] Die Stärkung des katholischen Elements ist zwar auch hier die klare Forderung, die Presse soll der Partei aber erhalten bleiben.

Zu beachten ist auch, dass mit Zanck ein Mitglied der Führung des Bistums Freiburg sprach,[164] also für eines der deutschen Bistümer, dessen Beziehungen zum Staat bereits konkordatär abgesichert waren. Gerade diesem Bistum hätte jedoch, um eine Forschungsmeinung aufzugreifen, am wenigsten am Erhalt der katholischen Partei und ihres Umfeldes liegen müssen. Offensichtlich verfolgte Zanck eine Strategie der Profilschärfung, um so den verlässlichen Teil des katholischen Milieus für die Zeit nach der Schwächung des NS-Regimes zusammenzuhalten. Gerade angesichts der „vermischten Linie", dem taktisch motivierten Entgegenkommen der Kirche, ist diese Vorgehensweise verständlich. Eine Annäherung zwischen den einzelnen Katholiken und der NSDAP war von den Bischöfen ermöglicht worden. Trotz der zu erwartenden massenhaften Eintritte von Katholiken blieb

---

[162] Gerade eine gegenteilige Meinung für das gesamte Kirchenvolk vgl. Köhler: Anpassung. S. 56.

[163] Vgl. zum Thema kath. Aktion: Joachim Köhler: Katholische Aktion und politischer Katholizismus in der Endphase der Weimarer Republik, in: Rottenburger Jahrbuch für Kirchengeschichte 2 1983. S. 141-154.

[164] Schwierig bleibt zu beurteilen, inwieweit Zanck hier offizielle Positionen der Diözesanleitung wiedergab bzw. ob es sich eher um persönliche Ansichten des Geistlichen handelte. Dass Zanck in aktuellen und wichtigen Fragen eigenmächtig nicht abgesegnete Positionen vertrat, ist zwar denkbar, angesichts der Gehorsamspflicht gegenüber seinem Bischof aber nicht ohne weiteres anzunehmen. Zudem sprechen sein Rang und das sichtbare Selbstbewusstsein hinter seinen Beiträgen eher für bischöfliche Rückendeckung.

zu erwarten, dass viele Katholiken der NSDAP weiter fernbleiben würden.[165] Für diese Katholiken sollte die Zentrumspartei als organisatorischer Grundstock erhalten bleiben. Ihre weiterhin loyale Anhängerschaft sollte mit dezidiert katholischen Themen in der Parteipresse angesprochen und ideologisch im Sinne des Katholizismus ausgeformt werden. Dieser Aufruf stellt vielleicht einen Versuch der Vermittlung zwischen politischem Katholizismus mit der katholischen Aktion dar. Durch Erhalt und Mitwirkung der Partei und ihrer Organe hätten die Ziele der katholischen Aktion so auch im „neuen Deutschland" erreicht werden können.[166] Als eine Versicherung der wechselseitigen Loyalität ist die Bemerkung Zancks über die weitere klerikale Empfehlung der katholischen Presse zu sehen, die ja Parteipresse bleiben und sich nicht ins rein Religiöse zurückziehen sollte.

Betrachtet man Zanck als einen weitgehend repräsentativen Vertreter zumindest der badischen Kirchenleitung, so sind das Programm und der Zukunftsentwurf, den er bei der gleichen Gelegenheit vorstellte, von noch größerem Interesse als die vorherigen Ausführungen. Es lässt einen Rückschluss auf die politischen Prioritäten des badischen Klerus zu. Besondere Berücksichtigung verdienten nach Meinung Zancks vor allem klassische Zentrumsthemen wie Schul- und Erziehungsfragen, der „Wertgedanke" und die „öffentl. Sittlichkeit". Daneben wollte der Geistliche auch die „Siedlungsfrage" und die „Arbeitsdienstpflicht" umgesetzt wissen. Eine generelle Entpolitisierung ist aufgrund dieser Themenauswahl nicht festzustellen. Bildeten die ersten Themen gewissermaßen die klassische Verteidigungslinie des politischen Katholizismus, so beziehen sich die Siedlungs- und Arbeitsdienstfrage direkt auf die sozialen Nöte der damaligen Zeit. In der Themenstellung ergaben sich daher kaum Veränderungen. Dass direkte Aufrufe zur kritischen Berichterstattung über die neuen Machthaber fehlen, überrascht angesichts der schon vorgenommenen Maßnahmen gegen katholische Zeitungen nicht. Auch bei anderen Gelegenheiten war ja betont worden, dass in dieser Angelegenheit keine „Märtyrer" gesucht würden.[167]

Obwohl sich unter diesem Gesichtspunkt kein Niederschlag in seinen Themenstellungen für die Presse fand, war Zanck die Tragweite der Veränderungen keineswegs verborgen

---

[165] Neben der ja weiter bestehenden weltanschaulichen Verurteilung dürften persönliche Erfahrungen und Gewohnheiten eine große Rolle gespielt haben, vgl. auch Stehkämper: Protest. S. 127f.

[166] Vergessen werden darf nicht, dass die katholische Aktion als internationale Bewegung in jedem Land andere Arbeitsbedingungen vorfand. Gerade in Deutschland stellte sich die konfessionelle und politische Situation besonders schwierig dar.

[167] vgl. Morsey: Untergang. S. 106.

geblieben. Er entwarf für seine Zuhörer einen Grundriss für die Zukunft der katholischen Organisationen: *„Das Politische wird herausgeschnitten. Persönlichkeiten, die politisch engagiert sind, dürfen in deren Leitung nicht tätig sein. Es erhebt sich allerdings die Frage, ob sich unsere Organisationen von einer Überfremdung durch Mitgl. der NSDAP frei halten können, doch sollte dies möglich sein."* Interessanterweise sprach Zanck hiermit später im Reichskonkordat vorgesehene Entpolitisierungsregelungen für katholische Vereine (Artikel 32) bereits zehn Wochen vor der Unterzeichnung des Vertrages an. Unklar bleibt leider im hier bearbeiteten Protokoll, wie er zu dieser Einschätzung der künftigen Entwicklung kam.[168]

Zanck erwartete offensichtlich einen kräftigen Einbruch der NSDAP in das katholische Milieu in Folge der Bischofserklärung. Allerdings hielt er das von den konfessionellen Vereinen dominierte Milieu für stark und widerstandsfähig genug, um die „Überfremdung", sprich die Majorisierung beispielsweise der Vereinsführungen durch Neu-Parteigenossen zu verhindern.[169] Die wahre Besorgnis Zancks galt der Schaffung "einer Art staatskatholischer Bewegung." Hiermit sind wohl die im Umfeld von Papens gegründeten Vereinigungen wie „Kreuz und Adler" gemeint, aus denen später die „Arbeitsgemeinschaft katholischer Deutscher" (AKD) entstehen sollte. Diese Vereinigungen werden Thema eines späteren Kapitels sein. In diesem Zusammenhang ist vor allem die Prioritätensetzung Zancks als Kirchenvertreter von Interesse. Offensichtlich trug der Domkapitular sich vor allem mit der Sorge um eine Spaltung des deutschen Katholizismus. Er rief daher zur Einigkeit auf. Die Angst vor der Spaltung an sich entsprang der Minderheitssituation der Katholiken in Deutschland. Eine in sich gespaltene Minderheit ist schließlich ein noch schwächerer Gegner, vor allem da die Flügel oft vom Gegner gegeneinander ausgespielt werden. Die Besorgnis des Klerus galt also mehr der inneren Einheit der Katholiken als der Bedrohung von außen, die auch in diesem Fall unterschätzt wurde.[170]

---

[168] Eine besondere Note erhalten diese Spekulationen durch die Nähe von Zancks direktem Vorgesetzten, Erzbischof Conrad Gröber, zu den Konkordatsverhandlungen.

[169] Anzeichen für eine solche Gleichschaltung von Vereinen durch Unterwanderung vgl. Schepua: Provinz. S. 238.

[170] Die Angst um die Geschlossenheit des deutschen Katholizismus wird auch als Grund für die Bereitschaft zur Annäherung an den Nationalsozialismus gesehen, vgl. Köhler: „Machtergreifung". S. 58ff.

In den neuen Archivalien erweist sich die Geistlichkeit im Zentrum erwartungsgemäß als Vertreter konservativer Positionen. Leider traten neben Zanck nur relativ wenige Geistliche merklich in Erscheinung. Föhr (als ein weiteres Beispiel für einen Geistlichen) ruft ebenfalls zu Einheit und ruhigem Abwarten auf.

Der Einfluss der Kleriker ist allgemein hoch zu veranschlagen. Diese Einschätzung dürfte relativ unabhängig von ihrem jeweiligen Posten sein, wie wir etwa bei der Diskussion um die Jugendgruppen von Partei und Kirche sehen konnten. Offensichtlich war die Position der Kapläne (also rangniederer Jungpriester) stark genug, um die ursprünglichen Absichten der Partei erfolgreich in Frage zu stellen.

Auch auf den einzelnen Parteifunktionär dürften die Priester, nicht zuletzt in ihrer Eigenschaft als Seelsorger, einen nicht zu unterschätzenden Einfluss ausgeübt haben. Schmerbeck etwa konsultierte ihm persönlich bekannte Geistliche im Rahmen seiner Überlegungen, der AKD beizutreten.

Als Fazit zur Rolle der Geistlichen bleibt also, dass sie nicht nur gut informiert über Handlungen und Pläne der Partei waren, sondern auf diese auch direkt Einfluss nehmen konnten. Ihre Ansichten dürften wegen ihrer Position auch ohne (Partei-)Amt und Mandat größeren Einfluss gehabt haben als die eines „normalen" Parteimitgliedes.

Festzuhalten bleibt auch, dass sie im Zentrum eher konservative Positionen einnahmen.[171] Für eine bewusste Preisgabe des Zentrums durch die Kirche ergeben sich aber zumindest im untersuchten Material keine Anhaltspunkte.

Nachdem nun die Lageeinschätzungen der Partei und die Einschränkungen ihrer tatsächlichen Handlungsfähigkeit untersucht sind, erfordert das Erkenntnisinteresse eine Gegenprüfung dieser Untersuchungen an der politischen Praxis.

---

[171] Vgl. Morsey: Untergang. S. 28-33.

5 „Sitzungen im kleinsten Kreise" – Kommunalpolitik und Gleichschaltung

5.1 Das Ende der Zentrumspartei - Verbleiben der Mandatsträger

Am 5. Juli 1933 löste sich mit dem Zentrum die letzte große demokratische Partei in Deutschland auf. Die Abwicklung der Partei und ihrer gleichfalls aufgelösten Unter- und Nebenorganisationen nahm nur wenige Wochen in Anspruch. Dieser Schritt war ohne Zweifel ein schwerer Schlag für den politischen Katholizismus. Zur damaligen Zeit lag er allerdings in der logischen Konsequenz der Selbst-Gleichschaltung. Durch den Funktionsverlust der demokratischen Institutionen und die scheinbar erreichten politischen Ziele (kirchenpolitische Versprechungen, Reichskonkordat, versprochener Grundrechts- und Institutionenschutz) erschien die Weiterexistenz der Partei den Zeitgenossen als überflüssig. Ein Beharren darauf hätte die Ungnade der Obrigkeit angezogen.[172]

Bis zum 5. Juli hatte die NSDAP auch bei den Vertretern des Zentrums auf eine Selbstaus- oder Gleichschaltung durch Rück- oder in Einzelfällen Übertritt gehofft. Auch um die Bevölkerung nicht unnötig zu beunruhigen und die Entstehung einer weiteren illegalen Opposition zu vermeiden (obwohl diese Gefahr unter den damaligen Umständen beim Zentrum gering war) hatten die Nationalsozialisten bislang vielfach noch auf harte Zwangsmaßnahmen gegen die Zentrumsleute verzichtet.[173] In einem kaum abschätzbaren, aber sicherlich nicht geringem Ausmaß hatte sich diese Taktik als erfolgreich erwiesen. Zu den Verlusten des Zentrums durch „freiwillige" oder pseudolegal erzwungene Rücktritte kamen in vielen Gemeindevertretungen große Gewinne der Nationalsozialisten durch die Anwendung der Gleichschaltungsgesetze. Zur Durchsetzung des totalen Machtanspruches mussten allerdings auch die Reste der ehemaligen Oppositionspartei beseitigt oder gleichgeschaltet werden. Zu beachten ist hierbei, dass im Juni 1933 das Zentrum in einigen Ge-

---

[172] Vgl. ebenda. S. 197f.

[173] Zu Diskriminierungen kam es allerdings, der allgemein bedrohliche Charakter des Regimes sorgte wohl für weitere Bedenken bei den Zentrumsleuten, vgl. Hourand: Gemeinden. S. 74, 81-85, 170f. In der Pfalz setzen schwere Verfolgungsmaßnahmen gegen Katholiken zeitlich mit dem SPD-Verbot ab Mitte Juni 1933 ein, vgl. Schepua: Provinz. S. 92.

meinden (wegen der guten Wahlergebnisse im März) immer noch die Mehrheit in den Vertretungen besaß. Handlungsbedarf bestand für die Nationalsozialisten daher sicherlich, große Eile war aber angesichts der gesicherten Machtpositionen nicht mehr nötig. Die Entscheidung fiel zugunsten einer von den Nationalsozialisten kontrollierten Umbesetzung der Zentrumsvertreter in den badischen Gemeindevertretungen anlässlich der Auflösung des Zentrums.

Das Verfahren hierfür wurde im „Vierten Gesetz zur Durchsetzung der Gleichschaltung in Reich, Ländern, Gemeinden und Gemeindeverbänden im Lande Baden" geregelt. Zunächst wurden z.B. seitens des Bürgermeisters (abhängig von der Ebene) Erkundigungen einge-holt, ob die Mandatsträger ihr Mandat von sich aus aufgeben wollten. Eine derartige An-frage seitens einer (häufig) diktatorisch eingesetzten Obrigkeit dürfte oft das erwünschte Resultat erzielt haben. Somit konnten zunächst die Amtsinhaber, also erfahrene Politiker, zum Ausscheiden gedrängt werden.

Wie schon bei der Neubildung zur Umsetzung des Gleichschaltungsgesetzes wurden die Sitze für das Zentrum gemäß den Märzwahlergebnissen vergeben, Vorschläge sollten seitens der in Abwicklung befindlichen Partei gemacht werden. Diese Vorschläge unterla-gen dem Vorbehalt der obrigkeitlichen Genehmigung. Gab es von „keiner Seite"[174] (sprich seitens der NSDAP) Einwände, konnte die Neubesetzung in dieser Form durchgeführt werden. Die Abgeordneten sollten dann in ein mehr oder minder abhängiges Verhältnis zur NSDAP überführt werden (s.u.). Dass dieses Verfahren demokratischen Standards Hohn spricht, bedarf keiner Verdeutlichung.

Zu dieser Verordnung gab es noch Zusatzbestimmungen. So kamen für das Zentrum keine Frauen, Personen über 60 Jahre, Gewerkschafter und Geistliche mehr als Mandatsträger in Frage. Schon bei einer oberflächlichen Betrachtung der Parteielite fällt auf, dass diese Vorgaben einer Enthauptung des Zentrums gleichkommen mussten.[175] Verständlicher-weise führten die Umbesetzungen zu großem Verhandlungsbedarf.

Geführt werden sollten diese Verhandlungen durch sogenannte Vertrauensmännergremien von Vertretern der NSDAP und des aufgelösten Zentrums. Den Vertretern des Zentrums ist in der Forschung eine „Statistenrolle"[176] im „Theater" dieser Gleichschaltungsmaßnah-

---

[174] Vgl. Hourand: Gemeinden. S. 175.

[175] Vgl. Morsey: Untergang. S. 35, 39.

[176] Vgl. Hourand: Gemeinden. S. 175f.

me zugesprochen worden. Eine Überprüfung des Schmerbeck-Nachlasses ist in diesem Fall von besonderem Interesse. Schmerbeck war zum Vertrauensmann für den Amtsbezirk Karlsruhe ernannt worden. Bei seinen Aufzeichnungen hierüber dürfte es sich um eine zumindest seltene Innenansicht der Arbeit eines Vertrauensmannes handeln.

5.2 Vertrauensmänner - Statisten der Gleichschaltung?

In seiner umfangreichen und quellenmäßig außerordentlich reichen Arbeit zur Gleichschaltung der badischen Gemeinden bezeichnet Hourand die Vertrauensmänner des Zentrums als Statisten bzw. stellt sie als Marionetten der NSDAP dar. Sie hätten gegen das Versprechen einer weiteren vertrauensvollen und friedlichen Zusammenarbeit daran mitgearbeitet, den Nationalsozialisten nicht genehme Kandidaten zum Rücktritt zu bewegen. Für die von ihm untersuchten Beispiele gelingt es Hourand, weitgehend überzeugende Nachweise zu erbringen. Teilweise wandten die Vertrauensmänner durchaus Druck auf von den Nationalsozialisten beanstandete „Kandidaten" an. Weitestgehend sei die Gleichschaltung daher problemlos im Sinne der Nationalsozialisten verlaufen, nur in wenigen Gemeinden hätten sie Zwangsauflösungen durchführen müssen, wie sie für den Fall von Uneinigkeit zwischen den Lagern vorgesehen waren.[177]

Kritik ist an Hourands Befunden in zwei Punkten zu üben. Zum einen ergibt sich bei ihm trotz der Vielzahl der genutzten Quellen nur ein unvollständiges Bild. Material aus größeren Städten, u.a. aus Karlsruhe, wie es mit dem Schmerbeck-Nachlass vorliegt, ist zu diesen Themen kaum erhalten.[178] Gerade für Karlsruhe allerdings bietet sich ein etwas anderes Bild. Zum anderen könnte die Beurteilung der sicherlich problematischen Handlungsweise der Vertrauensmänner zu kurz gegriffen sein. Anhand von Schmerbecks Darstellungen seiner Tätigkeit sollen hier daher Einschränkungen zu Hourands Ergebnissen formuliert werden.

Schmerbeck wurde durch Mitteilung des badischen Innenministers vom 28. Juli 1933 zum Vertrauensmann für den Bezirk Karlsruhe ernannt.[179] Ihm oblag somit die Verhandlungs-

---

[177] Vgl. ebenda. S. 175ff.

[178] Hourands Arbeit bezieht sich im Wesentlichen auf die ländlicheren Amtsbezirke.

[179] Die Mitteilung war wohl ein Formblatt, die Formulierungen decken sich mit dem von Hourand verwendeten Exemplar, vermutlich der Vorlage. Überraschend kam die Mitteilung nicht, sie war offensichtlich das Ergebnis einer Absprache mit NSDAP-Kreisleiter Worch. Vgl. Nachlass Schmer-

führung für die Gemeinden im Amtsbezirk, in denen es eine Gemeindevertretung mit Zentrumsbeteiligung gab. Dieselbe Aufgabe hatte er bereits längere Zeit auch für die Stadt Karlsruhe selbst.

Im Protokoll einer Besprechung mit dem zuständigen Landrat bietet sich ein interessantes Bild. In der Gemeinde Forchheim war der Prozess schon längst abgeschlossen, die Nationalsozialisten hatten nach dem Rücktritt der Zentrumsmänner einfach NSDAP-Nachfolger ernannt. In anderen Gemeinden war das Verhältnis für die Nationalsozialisten schlichtweg unproblematisch, da sie in beiden Kammern mindestens die absolute Mehrheit hielten. Daher gab es offensichtlich keine größere Diskussion um die Neubesetzung.[180]

In einer Gemeinde waren allerdings zwei Listen seitens des Zentrums eingereicht worden. Weniger die Listen als vielmehr das zugrunde liegende Wahlergebnis schien den Nationalsozialisten Anlass zu bieten, in diesem Fall zu intervenieren. Nur in diesem Ort hatte die NSDAP im März schlechter abgeschnitten als das Zentrum. Allerdings hatte auch die als Reaktion von den Nationalsozialisten erstellte Liste Schwierigkeiten im Innenministerium, was beim Ortsgruppenleiter Dold für Aufregung sorgte: „Er ist außerordentlich erbost, dass seine Liste noch nicht anerkannt ist und kann nicht begreifen, dass noch einmal Besprechungen mit Vertretern des ehemaligen Zentrums nötig sein sollen."

Schmerbeck trat daraufhin in Verhandlungen mit dem hierfür bevollmächtigten Propagandaleiter der Kreisleitung, Schmitt. Bei Garantie eines Sitzes für das Zentrum sollten beide Listen zurückgezogen und vor Ort verhandelt werden: „Kommen die örtlichen Verhandlungen zu keinem Ergebnis entscheiden Schmitt und ich endgültig." An diesem Beispiel zeigt sich einmal mehr die Gültigkeit der Polykratie-These gerade auch für die kommunale Ebene. Die Gleichschaltung war in der Praxis nicht gleichförmiges obrigkeitliches Handelns. Vielmehr verlief sie unter den Bedingungen systemimmanenter regimeinterner Konkurrenz und Kompetenzverwirrungen.

---

beck Ordner Parteipolitik Brief des Innenministeriums vom 28. Juli sowie handschriftlicher Eintrag zum 1. August.

[180] Generell ist zu sagen, dass die hohen NSDAP-Wahlergebnisse im Raum Karlsruhe Schmerbeck die Arbeit erleichtert haben dürften, da es den Nationalsozialisten leichter fiel, einige Zentrumssitze zuzugestehen, vgl. Nachlass Schmerbeck, Ordner Parteipolitik Einträge zum 1. August 1933 und Folgetage.

Über das Ergebnis dieser Verhandlungen informierte sich Schmerbeck beim zuständigen Bürgermeister. Die Beschlussfassung lautete nach Schmerbeck folgendermaßen:

„1. Die Zentrumsleute verzichten auf ihr Mandat.

2. Es wird der Kreisleitung der NSDAP anheim gestellt, ob sie Personen aus den Reihen der ehem. Zentrumspartei berücksichtigen will.

3. Die bisherigen Mandatsträger waren sorgfältig und gewissenhaft ausgewählt. Zusätzlich wird ein Landwirt Frank, ………… (sic!) Sohn 46 Jahre EK1+2 vorgeschlagen.

4. Die Annahme etwaiger Mandatsangebote wird von der Zusammensetzung der Gesamtliste abhängen."

Die evtl. Berücksichtigung war ein vages Versprechen, allerdings war die generelle Eignung der vorgeschlagenen Kandidaten festgehalten worden. Der Verweis auf die Kriegsauszeichnungen des zusätzlichen Kandidaten könnte auf die Verhandlungstaktik des Zentrums schließen lassen, welches diese als Beweis für die nationale Zuverlässigkeit der Kandidaten anführte.

Die von Hourand beschriebene Rolle des Vertrauensmannes zeigt sich an diesem Beispiel nicht. Statt nach dem Motto „Ruhe um jeden Preis" Druck auf die ehemaligen Zentrumsanhänger auszuüben, wandte sich Schmerbeck in diesem Fall an die übergeordneten NSDAP-Stellen, um eine Lösung herbeizuführen. Ob im Ergebnis dadurch ein großer Unterschied vorlag, ist schwierig zu klären. Eine Rolle als Erfüllungsgehilfe nahm der Vertrauensmann in diesem Fall allerdings nicht ein.

Für die Tätigkeit als Vertrauensmann in Karlsruhe ist zu sagen, dass die Zentrumsvorschläge seitens der NSDAP bewilligt wurden.[181] Veränderungen gab es gegenüber der vorherigen Umbildung insofern, als zwei Bürgerausschussmitglieder ausgewechselt wurden. Eine Abgeordnete schied wohl aus Angst vor evtl. Repressalien aus, ein anderes Mitglied war schon Wochen vorher aus Partei und Fraktion ausgetreten und hatte seinen Rücktritt erklärt. Hier lag wohl ein Fall von präventiver Entpolitisierung der eigenen Person vor. Alle übrigen bisherigen Mitglieder erklärten den Willen zur weiteren Ausübung des Mandats, die ihnen offensichtlich zugestanden wurde. Offensichtlich war dieser Sachverhalt in Vorverhandlungen abgeklärt worden. Für den zu diesem Zeitpunkt in Kur weilenden Schmerbeck konnte Reinhold Frank daher die Vertretung übernehmen. Angesichts

---

[181] Relevant sind die Einträge ab dem 17. Juli 1933 im Nachlass Schmerbeck Ordner Kommunalpolitik.

der Tatsache, dass somit auch ein späteres Mitglied des Goerdeler-Kreises (der schon damals bezüglich seiner Ansichten nicht unverdächtig gewesen sein dürfte) das Vertrauensmännerverfahren überstand, zeigt sich wiederum die eingeschränkte Gültigkeit der Hourandschen Forschungsergebnisse. Dafür spricht auch, dass bei „freiwilligen Rücktritten" bzw. weiblichen Abgeordneten die nicht vorgeschriebene Besetzung mit einem Ersatzmann zugestanden wurde.

Dass die Arbeit als Verbindungsmann durchaus problembehaftet war, zeigt sich an der Korrespondenz, die Schmerbeck mit den Inhabern dieses Posten im Land- und Reichstag, den Abgeordneten Schwan und Hackelsberger, unterhielt. Sie verdeutlichen neben dem mangelhaften Informationsfluss[182] vor allem auch das durchaus vorhandene Bemühen des Vertrauensmannes Schmerbeck um die verbliebenen Einflussmöglichkeiten.

In seinen Bemühungen, die Arbeit der Vertrauensmänner in Baden zu koordinieren, rief Schwan diese zur konstruktiven Zusammenarbeit auf. In Problemfällen bot er seine Vermittlung an. Ziel sei die Zusammenarbeit „aller aufbauwilligen Kräfte". Weiterhin wurde also in der Kategorie der „nationalen Arbeit" gedacht.[183] Um reine Selbstgleichschaltung handelte es sich aber bei diesen Handlungsanweisungen nicht, denn auch die Konsequenzen scheiternder Verhandlungen waren von Schwan berücksichtigt. Er war sich bewusst, dass die Nationalsozialisten in diesem Falle eigenmächtige Neubesetzungen durchführen würden. Dass diese weniger vorteilhaft ausfallen würden als das Vertrauensmännerverfahren, auf das die Zentrumsmänner immerhin noch einen Rest Einfluss ausüben konnten, war absehbar.[184] Die Entschlossenheit der Nationalsozialisten bei der Umbildung unterschätzte

---

[182] Schwan war nicht über die Namen der badischen Vertrauensleute informiert. Hackelsberger wies Schmerbeck auf Anfrage an, analog zum Reichstag vorzugehen. Die Beschwerde Schmerbecks, es sei „außerordentlich peinlich, bei der weiteren Entwicklung ausschließlich auf die Informationen der NSDAP angewiesen zu sein", ist bezeichnend für den internen Informationsfluss. Vgl. Briefe Schwan an Schmerbeck vom 20. Juli 1933 (Ordner Kommunalpolitik) und vom 19. August 1933 (Ordner Parteipolitik) sowie Schmerbeck an Hackelsberger vom 16. Juli 1933 (Ordner Kommunalpolitik).

[183] Da es sich um interne Papiere handelt, ist davon auszugehen, dass diese Begründung nicht vorgeschoben war.

[184] Die Missachtung des tatsächlichen politischen Willens der Bevölkerung durch die Nationalsozialisten zeigt sich etwa in obrigkeitlichen Einsetzungen nicht gewählter Bürgermeisterkandidaten der NSDAP, Fallbeispiele vgl. Karl Heinz Neser: Die Gleichschaltung setzte der Demokratie ein rasches Ende, in: Unser Land 2009. S. 195-197.

Schwan ebenfalls nicht. Hoffnungen, bereits erzwungene Umbildungen zu revidieren, dämpfte er zunächst deutlich und erteilte ihnen bald darauf eine Absage. Im Vertrauensmännerverfahren versuchte er für seine Partei an Einfluss zu retten, was eben noch zu retten war. Dieses Handeln wurde auch als allgemeinwohlorientiert betrachtet. Die Sicherstellung der politischen und konfessionellen Repräsentation sah er als Voraussetzung für „eine wahre Befriedung der Bevölkerung, die ja von allen Einsichtigen gewünscht wird". Diese Repräsentation sei auch anzustreben, wenn die Nationalsozialisten die Vorschläge des Zentrums komplett ablehnten.

Ein weiterer Faktor zeigt, dass die Aufgabe der Vertrauensleute von diesen nicht allgemein darin gesehen wurde, schnell und ruhig für eine systemkonforme Umbesetzung zu sorgen. Schmerbeck fragte etwa an, ob man die Umbesetzung nicht auch zur Berufung geeigneterer Kräfte nutzen könnte.[185] Offensichtlich waren beim Jungzentrumsmann Schmerbeck die Vorstellungen von einem Rückgewinn politischer Handlungsfähigkeit durch jüngere Kräfte nicht erloschen.[186] Hierin und in persönlichen Animositäten könnten auch bei anderen Vertrauensmännern Gründe für die Hartnäckigkeit der an Mandatsinhaber gestellten Rücktrittsforderungen bestanden haben. Leider fand diese mögliche Motivation bei Hourand keine Berücksichtigung.

Im Falle der Stadt Bruchsal zeigt sich ein weiterer interessanter Fall. Hier gab es einen Konflikt zwischen der ehemaligen Ortspartei und dem für sie bestellten Verbindungsmann.[187] Umso ernster wurde dieses Problem durch die Zwangsmaßnahmen, die die Nationalsozialisten zur Umbesetzung trafen. Schmerbeck, inzwischen auch zum Verbindungsmann für den ganzen Landeskommisärbezirk Karlsruhe ernannt, wurde zur Vermittlung angefordert, da (mindestens) einer der ehemaligen Zentrumsabgeordneten Widerstand gegen die Auflösung leistete. Seitens der NSDAP gab es allerdings keine Bereitschaft zur

---

[185] Vgl. Nachlass Schmerbeck Ordner Kommunalpolitik Brief Schmerbeck an Hackelsberger vom 16. Juli 1933.

[186] Offensichtlich hatten diese Vorstellungen die Parteiauflösung überlebt. Zuvor war diese Vorstellung verbreitet gewesen, vgl. Morsey: Untergang. S. 166.

Zu beachten ist, dass die Vertrauensmänner z.T. sehr jung waren. Schwan war etwa das jüngste Zentrums-MdL in Baden, vgl. Gerd Hepp: Schwan, Anton, in: Bernd Ottnad (Hg.): Badische Biographien NF Bd. 2. Stuttgart 1987. S. 254.

[187] Vgl. Nachlass Schmerbeck Ordner Parteipolitik Brief Schwan an Schmerbeck vom 28. August 1933.

Zusammenarbeit, die Berufung eines Vermittlers war daher wohl zur Beruhigung des Zentrums gedacht. Die Nationalsozialisten verlegten sich auf eine Verzögerungstaktik, so dass die Angelegenheit aus Sicht des Zentrums im Sande verlief.[189]

Zusammenfassend zeigt sich für die Vertrauensmänner, dass Hourands Forschungsergebnisse in der Tendenz sicherlich richtig und an einigen Beispielen belegbar sind. Anhand des hier bearbeiteten Materials zeigt sich allerdings, dass diese Beurteilung nicht zu absolut gesetzt werden darf. Durch die Art des von Hourand verwendeten Materials fehlten die oben genannten Fälle und damit die hier aufgestellten Analysekriterien. Dieses Kapitel ist somit nicht als Widerlegung der bisherigen Forschung zu sehen, sondern als notwendige Ergänzung des Gesamtbildes. Es bleibt die Folgerung: Es gab durchaus wohlbegründetes und leidlich erfolgreiches Handeln der Vertrauensmänner. Ihre Möglichkeiten waren aber nach Lage der Dinge begrenzt, Schadensbegrenzung stand auf dem Programm.

5.3   Die Zentrumsfraktion nach der Parteiauflösung

Die umbesetzten Zentrumsabgeordneten sollten stärker an die NSDAP gebunden werden. Meist geschah dies analog zum Reichstag durch die Ernennung zu Fraktionshospitanten. Interessanterweise wurde dieses Verfahren in Karlsruhe anfangs seitens der NSDAP abgelehnt. Ob hier Angst vor einer Verwässerung der Partei[190] oder schlicht Misstrauen herrschte, ist leider nicht belegbar. Allerdings musste ein wichtiger Grund für diese ausdrückliche Abweichung von der Routine bestehen.[191]

Zur organisatorischen Erleichterung wurde den somit fraktionslosen Zentrumsmännern die Bildung einer Arbeitsgemeinschaft zugestanden.

---

[189] Vgl. Nachlass Schmerbeck Ordner Parteipolitik Mitteilung des Landeskommissärs vom 16. September1933, sowie der darauf folgende Schriftwechsel mit der Kreisleitung Bruchsal.

[190] Vgl. Nachlass Schmerbeck Ordner Kommunalpolitik Eintrag zum 17. Juni 1933, NSDAP-Kreisleiter Worch äußerte demnach allegemeine Befürchtungen vor einer Unterwanderung der NSDAP durch die Mitgliederschwemme.

[191] Im Vergleich mit der regionalen Forschung in der Pfalz zeigt sich hier wiederum die starke Einzelfallabhängigkeit. Hier wurden vielfach Rücktritte erzwungen, Übernahmen in die NSDAP-Fraktion waren selten, geduldete Fraktionslosigkeit die absolute Ausnahme, vgl. Schepua: Provinz. S. 222.

Die zunächst abgelehnte Überführung in ein Hospitantenverhältnis geschah kurze Zeit später,[192] wohl in Folge eines Strategiewechsels der NSDAP. Diese Entscheidung ist nicht zu unterschätzen. Die Arbeitsgemeinschaft musste schließlich als institutionelle Fortsetzung der Partei wahrgenommen werden, widersprach also den nationalsozialistischen Zielen. Diese Entscheidungen der Nationalsozialisten lagen immer noch im bereits erwähnten Spannungsfeld: die endgültige Ausschaltung des politischen Katholizismus stand noch aus, die Herrschaftskonsolidierung der NSDAP war allerdings noch nicht völlig abgeschlossen. Die Anhängerschaft des aufgelösten Zentrums mit übereilten Aktionen zu verärgern, war nicht ratsam. Die Überführung der ehemaligen Zentrumsleute in ein Hospitantenverhältnis zur NSDAP-Fraktion konnte daher eine scheinbare Kontinuität und Einbindung der Katholiken in den „neuen Staat" schaffen.[193] Einkalkuliert war dabei sicher auch, dass so Zentrumspolitiker für die NSDAP gewonnen werden konnten.[194] Ein solches Umschwenken hätte sicherlich Eindruck auf deren Anhänger gemacht. Die vorgespielte Kontinuität hatte allerdings wohl Vorrang.

Zu beachten ist mit Blick auf die Arbeitsgemeinschaft der Zentrumsmänner auch, dass sie eigentlich ein genehmigter Bruch des Gesetzes über die Auflösung der Parteien war. Dieses Gesetz stellte die Neugründung oder Weiterführung aufgelöster Parteien unter Strafe. Als Hospitanten hatten die Zentrumsmänner keine Begründung mehr für Koordinierungsgespräche ihrer „Arbeitsgemeinschaft". Ihre privaten Zusammenkünfte konnten nunmehr im Bedarfsfall von den Nationalsozialisten zu Belegen für Verstöße gegen das Parteiengesetz konstruiert werden. Persönliche Treffen zwischen den einzelnen Stadträten gab es, inhaltliche Berichte darüber fehlen allerdings aus naheliegenden Gründen.[195] Dass es auch

---

[192] Zu beachten ist, dass Schmerbeck ausdrücklich notierte, dass die Überführung ohne Antrag und auf Initiative der NSDAP geschah, vgl. Nachlass Schmerbeck Ordner Parteipolitik Eintrag zum 23. August 1933. Nach Angaben des Bürgerausschussmitgliedes Sprauer gab es über den Hospitantenstatus bei den ehemaligen Zentrumsmänner verschiedene Meinungen, vgl. Kißener: Widerstandkreis. S. 6.

[193] Die vorherige Ablehnung des Hospitantenverhältnisses durch die Nationalsozialisten war wohl eher ein Ausdruck von improvisierten Vorgehensweisen und lokalen Eigenmächtigkeiten.

[194] Die Zusammenarbeit mit und in der NSDAP-Fraktion ist Thema eines folgenden Kapitels.

[195] Die damaligen Kommunalpolitiker trafen sich auch nach Abschluss der Gleichschaltung zum Gedankenaustausch über politische Themen, vgl. Kißener: Widerstandskreis, S. 6. Dass in der Anfangszeit des Regimes keine Treffen zu politischen Themen stattgefunden haben sollten, ist daher unwahrscheinlich.

Treffen gab, die den Vorwurf einer Weiterführung der Parteiorganisation zumindest teilweise rechtfertigten, ist angesichts eines brieflichen Hinweises des badischen Innenministeriums auf das entsprechende Verbot anzunehmen.[196] Wie die Arbeit der Zentrumsmänner als Hospitanten innerhalb der Fraktion ablief, ist Thema der nächsten Kapitel.

5.4 Die Arbeit in den politischen Gremien

Im Rahmen dieses Kapitels soll überprüft werden, welche Arbeit in den gleichgeschalteten politischen Entscheidungsgremien tatsächlich noch geleistet werden konnte. Als Beleg hierfür bietet sich die Arbeit im Karlsruher Stadtrat an.

Methodisch empfiehlt sich ein Vergleich zwischen der Schmerbeckschen Darstellung dieser Vorgänge mit den Protokollen der Sitzungen. Letztere sind leider nur zum Teil und nur in Form von (wohl geringfügig überarbeiteten) Protokollberichten im Karlsruher Stadtarchiv erhalten geblieben. Da es hier allerdings weniger um die Untersuchung der kommunalpolitischen Inhalte als vielmehr um eine Analyse der dort gepflegten politischen Kultur geht, ist die Aussagekraft dieser Quellen völlig hinreichend.

Den ersten Schritt bildet eine Überprüfung der politischen Konzeptionen der Zentrumsfraktion auf ihre Umsetzbarkeit.

5.4.1 *Einfluss durch persönlichen Kontakt*

Wie bereits erläutert, sah Schmerbeck als Fraktionsführer des Karlsruher Zentrums die einzige Möglichkeit zur effektiven Vermittlung katholischer Anliegen im engen persönlichen Kontakt zur NSDAP-Fraktion. Zu diesem Zwecke kam es zur Fühlungnahme vor allem mit dem NSDAP-Fraktionsführer und Kreisleiter Willi Worch. Schmerbeck fertigte kurze Gedächtnisprotokolle dieser Sitzungen an.

Bereits zwei Tage vor seiner Ernennung zum Fraktionsführer (am 6. Mai 1933) kam es zu einem Gespräch zwischen Schmerbeck, Worch und dem Führer der „Kampffront"-Fraktion,[197] Ferdinand Lang.[198] Zustande gekommen war das Gespräch auf Initiative

---

[196] Nachlass Schmerbeck Ordner Parteipolitik Brief des Innenministeriums an Schmerbeck vom 2. August 1933.

[197] Gelistet war die Fraktion als Vereinigte Wählergruppe der Kampffront Schwarz-Weiß-Rot, Dt. Staatspartei, Dt. Volkspartei und Evangelischem Volksdienst. Lang war als Angehöriger der Kampffront allerdings einziger Mandatsträger.

Worchs. Als Ansprechpartner bot sich Schmerbeck vermutlich nicht nur durch den ersten Platz auf der Zentrumsliste an. Im Laufe des Gesprächs bemerkte Worch, dass er sich über die neuen Zentrumsabgeordneten freue, denn „mit den alten hätte er nicht mehr verhandelt." Neben der jahrelangen kommunalpolitischen Gegnerschaft mit den alten Zentrumsleuten ist hinter dieser Aussage die Generationenfrage zu vermuten. Worch hielt die neuen jüngeren Zentrumsabgeordneten wahrscheinlich für zugänglicher und im Hinblick auf „nationale Fragen" empfänglicher. Er teilte mit ihnen schließlich nicht nur ungefähr das Alter, sondern auch den Erfahrungshintergrund der gemeinsamen Sozialisierung durch die Teilnahme am Weltkrieg.

Das Gesprächsprotokoll vermittelt den Eindruck einer etwas gespannten Gesprächsatmosphäre. Während Lang versuchte, seine Missstimmung über den Ablauf der Umbesetzung zum Ausdruck zu bringen,[199] verdeutlichte Worch klar die Machtstellung der NSDAP. Die beiden anderen Parteien seien in der Bürgermeisterwahl völlig frei, denn „die Wahl sei ja auch ohne unsere Stimmen (die des Zentrums, J.S.) gesichert". Diese sicherlich richtige Analyse Worchs zeigt deutlich, dass er sich der Befürchtungen bei den politischen Gegnern bewusst war. Allerdings war er in diesem Fall nicht daran interessiert, durch Drohungen Einstimmigkeit zu erzwingen. Vielmehr scheint es sich um eine Selbstdarstellung der „Gewinnerseite" zu handeln, die die Vertreter der anderen Parteien beeindrucken sollte. Auch ansonsten dominierte der Nationalsozialist das Gespräch.

Im Sinne seiner generellen Strategie versuchte Schmerbeck, die Besetzung der Kommissionen vorab zu klären und abstimmungsreif vorzubereiten, um der erdrückenden NS-Übermacht im Stadtrat weniger Möglichkeiten zu geben. Worch zeigte sich in dieser Hinsicht kooperativ und sagte zu, ein dementsprechendes Treffen der Fraktionsführer mit den neuen Bürgermeistern zu organisieren. Zu diesem Treffen kam es allerdings erst (nach einem Nachhaken Schmerbecks bei Bürgermeister Jäger) am 8. Juni, also nach über einem Monat. Ein Treffen zur Besetzung der Ausschüsse am 1. Juni fand nicht statt, da Worch die vorher laufende Stadtratssitzung bereits vor deren Ende verlassen hatte. Interessanterweise war die Einladung zu dieser Besprechung erst am Vormittag des gleichen Tages mit

---

[198] Vgl. Nachlass Schmerbeck Ordner Kommunalpolitik Eintrag zum 6. Mai 1933.

[199] In einem Privatgespräch vor der Besprechung erläuterte er Schmerbeck gegenüber, dass die Kampffront sich bereits mit der NSDAP habe vereinigen wollen. Da Lang in diesen Fall nicht zur Wahl aufgestellt worden wäre, wählte die Kampffront das Zusammengehen mit anderen moderateren Rechtsparteien, ein interessanter Konflikt im rechtsextremen Spektrum Karlsruhes.

dem Vermerk „Eilt!" bei Schmerbeck eingegangen. Angesichts der vorangegangenen Verzögerung ist tendenziell eher von einer Zermürbungstaktik als von schlichter organisatorischer Unfähigkeit der Nationalsozialisten auszugehen.

Vermutlich kam die Vorbesprechung der Ausschussbesetzung letztlich nur aufgrund einer von der Zentrumsfraktion eingesandten Vorschlagsliste vom 6. Juni zustande. Diese wurde am 8. Juni mit den Bürgermeistern besprochen. Da die Benachrichtigungen über die Ernennung zu Ausschussmitgliedern das gleiche Datum tragen, ist davon auszugehen, dass die Liste am 6. Juni nach langem Abwarten unter Zeitdruck und unaufgefordert eingesandt wurde, um endlich die versprochene Vorbesprechung herbeizuführen. Somit verdichten sich die Hinweise auf eine Verzögerungstaktik der Nationalsozialisten. So stellten diese klar, welche Stellung das Zentrum in ihren Augen künftig einnehmen sollte. Dass die Nationalsozialisten bewusst den städtischen Disziplinarausschuss für sich reservierten, zeigt ebenfalls, dass die Kommissionsbesetzung von den Nationalsozialisten durchaus durchgeplant war. Schließlich stand ihnen hiermit ein wertvolles Disziplinierungsinstrument zur freien Verfügung.[200]

Generell und schon ohne inhaltliche Prüfung ist zu sagen, dass allein die Zahl der Treffen mit Worch, von denen Schmerbeck berichtet, eher gegen einen Erfolg seiner Strategie der persönlichen Beeinflussung spricht. Was ließ Schmerbeck trotz der oben beschriebenen Missachtung seitens der Nationalsozialisten an seiner Strategie festhalten? Festzuhalten ist, dass er angesichts der Mehrheitsverhältnisse und der damals weitgehend gefestigten Diktatur der NSDAP keine Alternative hatte. Eine Abwahl oder ein Überstimmen der NSDAP-Fraktion war unmöglich. Daneben scheint es dem NSDAP-Kreisleiter Worch aber auch gelungen zu sein, Schmerbeck den Eindruck zu vermitteln, seiner Person und seinen Ansichten immerhin Beachtung zu zollen. Im Verlauf der Gespräche zog Worch Schmerbeck nach dessen Angaben auch ins Vertrauen und berichtete ihm über seine persönlichen Ansichten und den inneren Zustand der NSDAP. Schmerbeck fand die so gewonnenen Erkenntnisse sichtlich mitteilenswert. Worchs Offenheit erschien ihm wohl als Vertrauensbeweis.[201] Dazu trug offensichtlich bei, dass Worch derartige Unterhaltungen nur in Abwesenheit Langs aufnahm. Zur Verdeutlichung seien dessen Bemerkungen im Folgenden

---

[200] Der Zweck dieses Vorgehens war der Zentrumsfraktion durchaus bewusst, vgl. Nachlass Schmerbeck Ordner Kommunalpolitik Bericht über Fraktionssitzung vom 3. Juni 1933.

[201] Schmerbeck bezeichnete die Unterhaltung als vertrauensvoll geführt und interessant, Nachlass Schmerbeck Ordner Kommunalpolitik Eintrag zum 24. Juli 1933.

kurz zusammengestellt. Worch sah das Reich zur damaligen Zeit durchaus neuer Kriegsgefahr ausgesetzt. Als erfreulich bezeichnete er es unter diesen Umständen, dass Polen und Italien von Angehörigen der „Frontgeneration" regiert würden.[202]

Am 17. Juni kritisierte der Kreisleiter die angeblich drohende Durchsetzung der NSDAP mit nicht linientreuen Personen, angesichts der Mitgliederexplosion und der später folgenden Aufnahmesperre eine sicherlich korrekte Analyse.

Worchs weitere Berichte über die inneren Zustände der NSDAP sind schon fast als indiskret zu bezeichnen. Zu bemerken ist allerdings, dass sie z.T. schwierig zu belegen sein dürften bzw. späteren Darstellungen eindeutig widersprechen. Neben Hintergründen zur Behandlung der NS-Stadträte durch ihre Zentrumskollegen vor der Machtergreifung äußert sich Worch zur angeblich nicht beabsichtigten Entlassung des Zentrumsbürgermeisters Schneider. Belegbar sind Worchs Angaben über die exzellenten Beziehungen des badischen Gauleiters Wagner zu Hitler.[203] Sich selbst schrieb er einen ähnlich guten Draht zum Gauleiter zu.[204] Angesichts dieser Behauptungen (die für Schmerbeck schwerlich nachprüfbar waren) ist anzunehmen, dass die Gespräche vor allem dazu dienen sollten, Schmerbeck zu beeindrucken. In der nicht von der Hand zu weisenden Annahme, dass Worch hierbei erfolgreich war,[205] liegt somit der zweite Grund für die Weiterführung der Einflussnahme durch persönliche Gespräche.

---

[202] Dieser Punkt belegt noch einmal die bereits hypothetisch angenommene Bedeutung dieses Faktors für Worch, vgl. Nachlass Schmerbeck Ordner Kommunalpolitik Eintrag zum 17. Juni 1933. Pilsudski ist allerdings wohl eher durch seine Sozialisation als durch sein Alter zur „Frontgeneration" zu rechnen.

[203] Wagner hatte als Ausbilder an der Militärakademie am Hitlerputsch teilgenommen und dadurch seine bürgerliche Existenz verloren. Dennoch engagierte er sich sofort wieder im Aufbau von Parteistrukturen in Baden, vgl. Ludger Syre: Der Führer am Oberrhein. Robert Wagner Reichsstatthalter in Baden und Chef der Zivilverwaltung im Elsaß, in: Kißener, Scholtyseck (Hg.): Führer. S. 733-779, 739-741.

[204] In einer Biographie Worchs wird dieser Ansicht fundiert widersprochen, vgl. Manfred Koch: „Überzeugter Nationalsozialist eigener Prägung". Willi Worch, NSDAP-Kreisleiter von Karlsruhe, in: Kißener, Scholtyseck (Hg.): Führer. S. 805-826, 810.

[205] Die Ausführlichkeit der Notizen Schmerbecks spricht ebenfalls eher für diese Annahme. Hätten die Ausführungen Worchs keinen Eindruck bei ihm hinterlassen, hätte Schmerbeck sich nicht zur Überlieferung veranlasst gesehen.

Auch in anderem Rahmen fanden sich die ehemaligen Zentrumsabgeordneten mit Vertretern der NSDAP zusammen, um informelle Kontakte zu pflegen. Diese Treffen fanden ab Ende August 1933 vor allem in der Gaststätte Wolf statt.[206]

Neben dieser Taktik blieb dem Zentrum nur eine weitere Hoffnung, ihre Positionen in die Kommunalpolitik einbringen zu können: Sie mussten auf ein kommunalpolitisches Versagen der Nationalsozialisten hoffen. In diesem Fall hätten diese aus der Not heraus auf die erfahreneren Kräfte des Zentrums zurückgreifen müssen.[207]

5.4.2 *Hoffnung auf kommunalpolitisches Versagen der NS-Amtsträger*

Die Hoffnung der Zentrumsleute war keineswegs unbegründet, schließlich zeigten die NSDAP-Abgeordneten und -funktionäre oft keine allzu großen politischen Fähigkeiten.[208] Die Erfahrungen in den Jahren der Weimarer Republik hatten diesen Eindruck bestätigt, schließlich demonstrierten die Nationalsozialisten ihr Desinteresse an der Mitarbeit in den jeweiligen Vertretungen gern bei sich bietender Gelegenheit. Ihr damaliges Primärziel war die Schürung des Protestpotentials, das ihnen den Weg zur Macht ebnen sollte. Die Sitze in den Parlamenten wurden daher passiv als Instrument zur Krisenverschärfung durch Blockade oder aktiv zur Selbstdarstellung durch Propaganda genutzt. Konstruktive Mitarbeit war kaum zu erkennen, höchstens aus wahltaktischen Gründen. Unter diesen Umständen konnte sich bei den Mandatsträgern kaum ein Lerneffekt einstellen. Die politischen Fähigkeiten wurden nicht geschult und blieben mangelhaft.[209]

Anzeichen für solche Mängel bei den Karlsruher Stadträten wurden von Schmerbeck notiert. Diese Notizen zeigen, dass der Zentrumspolitiker sich des oben beschriebenen Umstandes bewusst war. Noch im Spätsommer des Jahres 1933 war sein Urteil über die Fä-

---

[206] Vgl. Nachlass Schmerbeck Ordner Parteipolitik Eintrag zum 24. August 1933.

[207] Dass beide o. geschilderten Überlegungen parallel gelaufen sein müssten, bildet keinen Widerspruch. Die Grundorientierung des Zentrums hätte ein Abgleiten ins Chaos im Interesse der Allgemeinheit verhindern müssen, auch wenn dadurch eher unfreiwillig den Nationalsozialisten Hilfe zu leisten war (nationale Arbeit).

[208] Innerhalb der NSDAP gab es zum Teil aus Furcht vor der Funktionsunfähigkeit der Verwaltung durchaus Vorbehalte gegen eine allzu schnelle Gleichschaltung vgl. Meinzer: Stationen. S. 180.

[209] Beispiele für Baden, darunter auch die das Zentrum betreffende sog. „Ohrfeigenaffäre", vgl. Schondelmaier: NSDAP. S. 84-100. Als Beispiel für Karlsruhe selbst kann die sog. Rathausschlägerei von 1931 dienen, vgl. Koch: Worch. S. 813.

higkeiten seiner politischen Gegner vernichtend: *„Man gewinnt den Eindruck, dass nach der bish. Zusammensetzung der größte Teil der Bürgerausschussmitglieder der NSDAP für praktische kommunalpol. Arbeit nicht in Frage kommt. Von den Stadträten sind in den Sitzungen bis jetzt nie alle zugegen. Schindler erscheint überhaupt nicht mehr, nachdem er kommunalpol. Referent im Ministerium d. Inneren geworden ist."*[210]

Auffällig ist, dass auch die Repräsentationspflichten von den Stadträten eher vernachlässigt wurden. Als Beispiel hierfür kann die Einführung des neuen badischen Landesbischofs am 24. Juli 1933 in Karlsruhe dienen. Während mit den beiden katholischen Ex-Zentrumsabgeordneten Schmerbeck und A. Schneider die ehemalige Zentrumsfraktion fast vollständig anwesend war, erschienen seitens der NSDAP nur drei Stadträte und die beiden Bürgermeister. Gerade da es sich um die Einführung eines protestantischen Würdenträgers handelt, erstaunt diese Konstellation.[211]

Hinsichtlich der Termindisziplin bestand also offensichtlich ein Problem bei den NSDAP-Politikern. Angesichts der gegenüber Schmerbeck geäußerten Absicht Worchs, die Stadtratsarbeit umzukrempeln („Überhaupt müsse verschiedenes anders werden, es dürfe nicht mehr vorkommen, daß man zwei Wochen allein über Milch rede,[212] das Führerprinzip müsse stärker herausgestellt werden. Er selbst sei die Fraktion der NSDAP, er führe die Verhandlungen(…)."[213]), verwundert es nicht sonderlich, dass die NSDAP-Abgeordneten im Stadtrat oft abwesend waren. Ihre Anwesenheit war aus Sicht der Partei nicht notwendig. Durch die Abwesenheit des „Fußvolks" in diesem Entscheidungsgremium konnte sich die Führung (im Sinne des Führerprinzips) profilieren. Aus dem gleichen Grund plädierte Worch auch für die Abschaffung des Bürgerausschusses, den er „nach der Neuordnung der

---

[210] Nachlass Schmerbeck Ordner Kommunalpolitik Handschriftliche Einträge zum 18. September 1933.

[211] Vgl. Nachlass Schmerbeck Ordner Kommunalpolitik Eintrag zum 23. Juli 1933.

[212] Milchversorgung und das städtische Molkereiwesen waren tatsächlich über Monate eine der meistdiskutierten Fragen der Karlsruher Kommunalpolitik. Den in der Praxis wenig geschulten und an der Klärung von Detailfragen nicht interessierten Nationalsozialisten ließ dieses Thema offensichtlich kaum Angriffsmöglichkeiten außer der Anprangerung angeblicher Misswirtschaft.

[213] Nachlass Schmerbeck Ordner Kommunalpolitik Eintrag zum 27. Juli 1933. Allerdings forderte Worch am 28. August „die nächste Bürgerausschußsitzung möglichst mit Stoff zu würzen." Die Mitglieder könnten sich sonst „etwas überflüssig vorkommen." StaKA 3/B 18a Sitzung vom 28. August 1933. Offensichtlich konnte Worch die Abschaffung des Bürgerausschusses nicht einmal faktisch durchsetzen.

Verhältnisse"[214] für überflüssig hielt. Eine als Korrektiv beigeordnete zweite Kammer widersprach schließlich dem Führerprinzip grundlegend.

Eine Durchsicht der Protokollberichte des Stadtrats zeigt, dass zumindest ein „harter Kern" der NSDAP-Fraktion recht durchgängig an den kommunalpolitischen Diskussionen teilnahm. Zum politischen Stil ist anzumerken, dass die Redebeiträge der Abgeordneten häufig aus Hetzreden gegen politische Gegner und Juden bestanden. Diese wurden lediglich der entsprechenden Situation angepasst, das Ergebnis der Diskussion war daher meist ideologisch vorgezeichnet. Zuzubilligen ist den Nationalsozialisten allerdings ein gewisser Lerneffekt. Nach einigen Monaten im Amt waren die Redebeiträge sichtlich besser vorbereitet, unerwartete Nachfragen anderer Abgeordneter (nicht notwendigerweise der Hospitanten) erzwangen nicht mehr so häufig die Vertagung der Debatte. Auch wirkten die Beiträge durch einen stärkeren Bezug zum Diskussionsgegenstand nicht mehr schlicht und platt-propagandistisch.

Bemerkenswert ist die relativ starke Zurückhaltung in den ersten Monaten des Jahres 1933. Die damals noch vergleichsweise kleine Fraktion trat keineswegs übermäßig aggressiv auf, der Stadtrat war somit nicht wie höhere Volksvertretungen Bühne der NS-Propaganda. Mit zunehmender Festigung des Regimes (und der damit einhergehenden Verstärkung der eigenen Fraktion) dominierten die Nationalsozialisten die Debatten sowohl thematisch als auch in Länge und Häufigkeit der Wortmeldungen. Dennoch ist festzuhalten, dass die Hoffnungen des Zentrums auf ein Versagen der Nationalsozialisten in der politischen Praxis nicht völlig aus der Luft gegriffen scheinen mussten. Durch die schlichte Notwendigkeit ihrer eigenen Fähigkeiten hofften die katholischen Politiker evtl. in einflussreichen Positionen zu verbleiben bzw. diese wieder besetzen zu können.[215]

Die Darstellung der NS-Funktionäre in den verwendeten Archivalien deckt sich im Wesentlichen mit den bisherigen Forschungsergebnissen. Das geringe Maß an Professionalität und Koordination wird auch hier immer wieder konstatiert. Auch in Karlsruhe war also die kommunale Selbstverwaltung kein weitgehend unabhängiger Entscheider sondern Ausfüh-

---

[214] Ebenda.

[215] Die Parallelität dieses Denkens zu den Hoffnungen zahlreicher NSDAP-Mitglieder angesichts der Entnazifizierung stellt sich als Ironie der Geschichte dar, vgl. Reinhard Grohnert: Das Scheitern der „Selbstreinigung" in Baden, in: Cornelia Rauh-Kühne, Michael Ruck (Hg.): Regionale Eliten zwischen Diktatur und Demokratie (=Nationalsozialismus und Nachkriegszeit in Südwestdeutschland Bd. 1). München 1993. S. 283-303, 292.

rungsinstrument obrigkeitlicher Weisungen, letztlich ein Werkzeug eines Führerwillens. Wie sich diese Konstellation auf die Realität der Karlsruher Kommunalpolitik auswirkte, ist Thema des nächsten Kapitels.

5.5 Die Realität der Kommunalpolitik

Ziel der Gleichschaltung des politischen Katholizismus war seine Ausschaltung als Machtfaktor im NS-Staat. Nach der Auflösung seiner Institutionen und dem Ende der anderen demokratischen Parteien auf Reichsebene war seine Handlungsfähigkeit etwa im Reichstag angesichts der überwältigenden Mehrheit der Nationalsozialisten verschwunden. Die wenigen Hospitanten fanden entweder den Weg in die NSDAP oder verließen die Politik, oft auch unter Zwang.

Als Rückzugsgebiet bot sich dem politischen Katholizismus die Kommunalebene an, angesichts der vorangegangenen Ausführungen eine nicht völlig unrealistische Einschätzung der Lage. Wie die politische Tätigkeit der Karlsruher Zentrumsmänner in der Praxis aussah, ist zumindest teilweise zu rekonstruieren.

5.5.1 *Die Initiativen des Zentrums*

Die praktische Umsetzung von Maßnahmen zur Verbesserung der Lebensumstände ist das Maß, an dem die Kommunalpolitik gemessen wird. Auch und natürlich angesichts der Zeitumstände gerade die Kommunalpolitik der Jahre 1933/34 hatte diese Aufgabe. In gemeinwohlorientierten Fragen versuchte auch die (ab Juli 1933 aufgelöste) Zentrumsfraktion an der politischen Praxis teilzuhaben. Generell betonten die Zentrumsmänner im Rat (auffällig ist neben Schmerbeck v.a. Albert Schneider) die soziale Verträglichkeit der Kommunalpolitik, gelegentlich verwiesen sie auch auf Probleme der Umsetzbarkeit.[216] In ideologischen Fragen (etwa der Verfolgung von Juden, Marxisten und Homosexuellen) übten sie weitestgehend Zurückhaltung.[217]

---

[216] Vgl. etwa StAKa 3/B16a Sitzung vom 1. Juni 1933, 22. Juni 1933 3/B 18 a Sitzung vom 28. August 1933.

[217] Vgl. ebenda. Sitzung vom 7. September 1933. Allerdings kündigte die Fraktion eine Erklärung zur Umbenennung der Erzbergerstraße an, was von der NSDAP zur Kenntnis genommen wurde, vgl. ebenda außerordentliche Sitzung vom 18. Mai 1933.

Neben der Gemeinwohlorientierung gab es auch anderweitig motivierte Tätigkeit des Zentrums. Aus Sorge um die öffentliche Sittlichkeit sollte der Deckplatz der städtischen Eberzucht den Blicken der Öffentlichkeit entzogen werden.[218] Ob und mit welchem Ergebnis dieser Antrag behandelt wurde, ist den untersuchten Quellen leider nicht zu entnehmen. Der Antrag an sich verdeutlicht die damalige Situation des Zentrums in Karlsruhe allerdings sehr gut. Innerhalb des Systems (wenn auch in einer relativen Ruhephase im Prozess der Machtergreifung) versuchten die Mandatsträger sich in der praktischen Arbeit für ihre Klientel einzubringen. Die Stellung zu den neuen Machthabern war in dieser Hinsicht von untergeordneter Bedeutung, im Vordergrund stand die genutzte Möglichkeit zur praktischen Mitarbeit.

Eine weitere Initiative beschäftigte sich Mitte Oktober mit der Erweiterung der Duschanlagen an Schmerbecks Arbeitsplatz, der städtischen Gewerbeschule. Ziel war die Verbesserung der hygienischen Zustände in der Schülerschaft, denen so die Gelegenheit zum täglichen „Brausebad" gegeben werden sollte. Hier liegt eine klare Gemeinwohlorientierung der Maßnahme vor. Oberbürgermeister Fribolin lehnte den Vorschlag allerdings ab, da er im Schulalltag zeitlich nicht unterzubringen sei. Daneben sind aus den Protokollberichten kleinere Vorstöße, oft zu praktischen städtebaulichen Fragen ersichtlich.[219]

Ein weiterer Punkt ist streng genommen nicht als Initiative zu sehen, zeigt aber die geschickte Ausnutzung der Geschäftsordnung durch die Zentrumsmänner. Eine städtebauliche Detailfrage nutzten Schmerbeck und das Bürgerausschussmitglied Sprauer um planmäßig eine grundlegende Debatte über die kommunale Baupolitik herbeizuführen. Der Plan glückte, da die Nationalsozialisten den Punkt entsprechend aufgriffen. Offensichtlich

---

[218] Vgl. Nachlass Schmerbeck Ordner Kommunalpolitik Antrag der Fraktion vom 6. Juni 1933. In den Protokollberichten des Stadtrats wird dieser Antrag nicht erwähnt. Vermutlich wurde über derartige Detailfragen kein zusätzlicher Protokollbericht abgefasst, es blieb wahrscheinlich bei der Behandlung im normalen Sitzungsprotokoll. Da auch solche Fragen von untergeordneter Bedeutung durch Schmerbeck sorgfältig archiviert wurden, ist zu vermuten, dass es tatsächlich außer den in der Folge behandelten Anträgen keine nennenswerten Initiativen des Zentrums gab.

[219] Vgl. StAKa 3/B 16 Sitzungen vom 26. Mai (Straßenbeleuchtung), 8. Juni und 22. Juni 1933 (jeweils Bärengehege Stadtgarten).

hatten hier einige Parteigenossen ebenfalls Gesprächsbedarf gesehen und waren über die konstruktive Zusammenarbeit sehr erfreut.[220]

Sichtbar wird hierbei auch, dass die bereits erfolgte Auflösung des Zentrums keineswegs das Ende der Mitarbeit seiner Vertreter im Stadtrat bedeutete. Diese sahen sich offensichtlich nach wie vor zur Mitarbeit „zum Wohle des Ganzen" verpflichtet, wie ihr ehemaliger Fraktionsführer Schmerbeck anlässlich seiner Ernennung zum Verbindungsmann der NSDAP-Fraktion bekannte. Seine Äußerungen deuten an, dass er zwar unzufrieden mit der Entwicklung war, sich aber dennoch den Realitäten der Zeit stellte.[221]

Festzuhalten bleibt, dass Initiativen des Zentrums nur in geringem Umfang nachweislich erfolgreich waren. Unmöglich war es für die Vertreter des Zentrums allerdings nicht, Prozesse anzustoßen oder ihre Meinung zu äußern.

Deutlich wird allerdings die vorhandene Bereitschaft zur Verteidigung des konfessionellen Besitzstandes durch das Zentrum. Als Beispiel hierfür kann die Diskussion über die von den Nationalsozialisten beabsichtigte Zusammenlegung von Sportvereinen dienen, die in deren Augen zur Schaffung der „Volksgemeinschaft" nötig war.[222] Schmerbeck führte zugunsten der somit ebenfalls bedrohten konfessionellen Sportvereine alle ihm noch verfügbar erscheinenden Mittel ins Feld. Neben der konkordatären Absicherung der Jugendverbände verwies er darauf, dass solche Probleme „nicht lokal gelöst werden" könnten, vielmehr „in Verhandlungen der zuständigen Stellen zentral geregelt werden" müssten. Schon „das Ansehen der Stadt verlange rechtmäßiges Vorgehen."[223] Letztlich waren aller-

---

[220] Worch äußerte Schmerbeck gegenüber, dass es erfreulich sei, „dass man sich jetzt ohne persönliche Spitzen und Gehässigkeiten über das Wohl der Stadt unterhalten könne.", Nachlass Schmerbeck Ordner Kommunalpolitik, maschinenschriftlicher Eintrag zum 27. Juli 1933.

[221] „Die Situation sei nun für die nächste Zeit geklärt. Die Parteien gehörten der Vergangenheit an.", StAKa 3/B 18a Sitzung vom 13. Juli 1933.

[222] Worch äußerte in diesem Zusammenhang ausdrücklich: „Wenn die Vereine nicht bockig (!) wären, wäre das Zusammengehen im Sinne der Volksgemeinschaft viel leichter." Ebenda. Sitzung vom 12. Oktober 1933.

[223] Ebenda. Wahrscheinlich hoffte er durch Befassung hoher kirchlicher Stellen mehr Möglichkeiten zu erlangen.

dings diese Bemühungen erfolglos, da der Stadtrat den zur Debatte stehenden Sportvereinen wie beabsichtigt fristgemäß die zur Nutzung überlassenen Sportplätze kündigte.[224]

Interessant ist der hier sichtbare Eifer bei der Verteidigung der eigenen Klientel. Ebenso
bezeichnend ist allerdings die völlige Aussichtlosigkeit in dieser Mitte Oktober 1933 geführten Debatte, in der auch das erst wenige Monate zuvor unterzeichnete Konkordat sich
als nutzlos erwies.

5.5.2 Die Stadtratstätigkeit als Hospitant der NSDAP-Fraktion

Trotz der seltenen Bestätigung, die sie in ihrer Arbeit erfuhren, schien den Zentrumsmännern zumindest ein Rest politischer Handlungsfähigkeit erhalten geblieben zu sein. Zum
Kerngeschäft der Kommunalpolitiker zählten neben den Ratssitzungen auch die Verwal-
tungs- und Aufsichtsratstätigkeit in kommunalen Unternehmen und Einrichtungen (Durla-
cher Turmbergbahn, Staatstheater, Sparkasse u.a.) und repräsentative Aufgaben bei zahlreichen gesellschaftlichen Ereignissen. Zu ersteren ist lediglich zu bemerken, dass, sofern
die Zentrumsmänner hier Posten bekleideten, sie zum Teil recht bald wieder aus diesen
Ämtern entfernt wurden.[225]

Interessanter zeigen sich die repräsentativen Anlässe. Neun Veranstaltungen sind nachweisbar, an denen Schmerbeck z.T. zusammen mit anderen Stadträten (sowohl der NSDAP
als auch Lang) als Vertreter der Stadt teilnahm. Diese Teilnahme beruhte meist auf (z.T.
äußerst kurzfristigen und mit Eilvermerk versehenen) Benachrichtigungen des Bürgermeis-
teramtes. Die reine Menge dürfte daher nicht ausgereicht haben, um die Zentrumsmänner
über Gebühr zu beanspruchen und zu zermürben, worin zunächst ja ein Interesse der
NSDAP bestanden haben könnte.

---

[224] Vgl. ebenda. Die Vorgehensweise stellt zudem ein interessantes Beispiel für die Technik der
Gleichschaltung dar.

[225] Im Falle Schmerbecks sind die entsprechenden Anordnungen des OB im Nachlass Ordner Kommunalpolitik erhalten. Ob die anderen Stadtverordneten vergleichbare Ämter bekleideten und ob sie
ebenfalls entpflichtet wurden, ist nicht nachweisbar. Angesichts der personellen Verkleinerung des
Stadtrats und der erst später nachfolgenden Verkleinerung der entsprechenden Aufsichtsräte ist
allerdings davon auszugehen.

Größere Beachtung verdienen die Veranstaltungen selbst. In Wortwahl und Stil spiegeln sie die zunehmende nationalsozialistische Durchdringung der Gesellschaft wieder.[226] Bemerkenswert ist, dass Schmerbeck auch zu Veranstaltungen von Gliederungen der NSDAP geschickt wurde. Ein hervorstechendes Beispiel bietet hier die „Grenzlandkundgebung des Kampfbundes der Deutschen Architekten und Ingenieure" und das „Kameradschaftstreffen des Reichstreuebundes der ehemaligen Berufssoldaten".[227] Die Tatsache, dass der Bundespräsident Franz Schwede eine prominente Persönlichkeit innerhalb der NSDAP war,[228] legt nahe, dass die Entsendung des Fraktionshospitanten Schmerbeck gerade zu diesen Veranstaltungen kein Zufall war. Wahrscheinlich versuchten die NSDAP-Funktionäre auf diesem Wege Eindruck zu machen, der entweder zur bewundernden oder verängstigten Selbstgleichschaltung führen sollte. Selbstverständlich fehlten bei den genannten Veranstaltungen nicht die stilbildenden militaristischen Aufmärsche.

Ein Arbeitsfeld scheint den Zentrumsmännern aber vorbehalten geblieben zu sein. In einem Brief vom 17. November 1933 bat der Bürgermeister die beiden Stadträte Schmerbeck und Karl Schneider, ihn beim Fest einer Kirchengemeinde zu vertreten. Somit wurden gleich zwei ehemalige Zentrumsmänner zu einer eindeutig katholischen Veranstaltung entsandt.[229] Der katholischen Bevölkerung konnte so gezeigt werden, dass ihre Vertreter immer noch Sitz und Stimme in den politischen Gremien hatten, auch wenn diese weitestgehend wertlos geworden waren.

In der Bevölkerung gab es Vertreter der Ansicht, in den Zentrumsmännern durchaus noch Fürsprecher zu besitzen. Offensichtlich hoffte man bei ihnen auch auf Hilfe bei Problemen mit den neuen Machthabern. Von dieser Hoffnung zeugen mehrere Briefe an den ehemaligen Zentrumsmann Schmerbeck. Der Schein einer Kontinuität blieb also gewahrt.

---

[226] Die Prozessionsordnung zur Einführung des neuen Landesbischofs nannte sich „Aufmarschplan", die Lehrer mussten zu einer Kundgebung zum Thema „Das Weltbild des Nationalsozialismus". Auch der „Frühjahrsangriff in der Arbeitsschlacht" war ein Pflichttermin.

[227] Vgl. die jeweiligen Einladungen im Nachlass Schmerbeck Ordner Kommunalpolitik.

[228] Schwede war der erste jemals von der NSDAP gestellte Bürgermeister. Ab 1935 durfte er dementsprechend den Beinamen Coburg führen.

[229] Vgl. Nachlass Schmerbeck Ordner Kommunalpolitik Brief OB an Schmerbeck vom 17. November 1933.

5.6 Der Anschein politischen Einflusses

Die Machtübernahme der Nationalsozialisten ging naturgemäß mit einem groß angelegten Revirement in den Führungspositionen von Staat und Verwaltung einher. Oppositionelle wurden dabei ausgeschieden, andere Amtsinhaber verloren ihre Posten zugunsten von Nationalsozialisten. Verständlicherweise wollten sich einige Betroffene nicht damit zufrieden geben, schließlich war in einigen Fällen dadurch die jeweilige Existenz bedroht. Sie hofften auf wirksame Interventionen.

Ein exemplarisches Beispiel hierfür bietet der Fall des Ladenburger Bürgermeisters Hermann Hagen. Der Zentrumsmann und Angehörige der Karlsruher Stadtverwaltung war vor 1933 als kommissarischer Bürgermeister in die Kleinstadt Ladenburg abgeordnet worden. Im Zuge der Gleichschaltung wurde das Bürgermeisteramt einem Nationalsozialisten übertragen, Hagen stand somit ohne Verwendung da. Ausgestattet mit äußerst positiven Referenzen seitens der regionalen Parteistellen bemühte er sich um die Wiedereinstellung in Karlsruhe. Seinen langjährigen Windthorstbund-Kameraden Schmerbeck bat er hierbei um vermittelnde Unterstützung.[230]

Dessen Intervention scheint laut einem weiteren Brief erfolgreich gewesen zu sein. Allerdings unterlag die Wiedereinstellung einem Nichtbeförderungsvorbehalt, worüber sich Hagen bei Schmerbeck beklagte und um weitere Bemühungen bat. Diese Bemühungen waren aber fruchtlos. Noch fast drei Monate später ersuchte Hagen seinen Freund nochmals um Unterstützung bei einer Beförderung auf eine offene Stelle als Standesbeamter. Auch hier ist wohl davon auszugehen, dass die Stelle aufgrund der höheren Besoldungsstufe nicht an Hagen vergeben wurde.

Der Fall Hagen hinterlässt kein eindeutiges Bild davon, welcher Einfluss den Zentrumsleuten in ihrem Amt geblieben war. Die Tatsache, dass ein Zentrumsmann bei einer Wiedereinstellung als Beamter berücksichtigt wurde, ist nicht notwendigerweise auf die Intervention Schmerbecks zurückzuführen. Angesichts der massiven Umbildung des Beamtenapparats dürften durchaus Positionen frei gewesen sein, etwa durch die Auswirkungen des Gesetzes zur Wiederherstellung des Berufsbeamtentums. Von den durch diese Verordnung erfolgten Stellenverlusten waren die Zentrumsmitglieder schließlich nur in geringerem Maße betroffen. Ein Zentrumsmann mit entsprechenden Referenzen von Parteistellen

---

[230] Vgl. Nachlass Schmerbeck Ordner Kommunalpolitik Briefwechsel in Sachen Hagen ab 13. Juni 1933 bzw. im Folgenden auch Brief Hagen an Schmerbeck vom 11. September 1933.

konnte vermutlich durchaus noch unterkommen.[231] Schädlich war die Intervention Schmerbecks in diesem Falle nicht.[232] Von Bedeutung ist in diesem Zusammenhang eher die Tatsache, dass selbst ein ehemaliger Bürgermeister noch im September 1933 auf deren Wirksamkeit hoffte. Offensichtlich bestand noch weiterhin der verbreitete Eindruck, dass die Hospitanten innerhalb der NSDAP-Fraktion Einfluss besäßen und ausüben könnten. Auch andere Fälle bestätigen diesen Eindruck. Noch im Herbst erreichten Schmerbeck weitere Bitten um Einflussnahme, neben einer Bitte eines städtischen Bediensteten auch Briefe des Reichsbahners Greiner. Dieser schilderte zunächst, wie er aufgrund seiner politischen Ansichten von Nationalsozialisten verfolgt wurde. In einem weiteren Brief teilt er Schmerbeck mit, dass er sich unter Druck pensionieren ließ. Allerdings entsprach die Höhe der Pension nicht seiner vorherigen Besoldungsstufe. Ähnlich gelagert war auch der Fall des Staatsobersekretärs Messmer, der aufgrund seiner „nichtarischen Abstammung" benachteiligt werden sollte.

Allen Fällen ist gemein, dass sie neben der wachsenden Bedrängnis auch die Verzweiflung von politisch Verfolgten schon in der Anfangsphase des NS-Regimes zeigen. Genauso verhält es sich mit der Ansicht, dass eine Intervention seitens eines ehemaligen Zentrumspolitikers für sie nicht völlig aussichtslos wäre.

Dass diese Hoffnung durchaus berechtigt sein konnte, zeigt ein in den Stadtratsprotokollen nachweisbarer Fall eines Handwerkers, der vom Ausschluss aus der Berufsgenossenschaft bedroht war. Diese Strafe hätte die Vergabe von öffentlichen Aufträgen an diesen unmöglich gemacht. In Zeiten der Wirtschaftskrise, also bei eingeschränkter privater Bautätigkeit, stellte sich für den Betrieb somit die Überlebensfrage. Im Stadtrat verwendeten sich die Räte Schmerbeck und (interessanterweise) der NSDAP-Politiker Mannschott zugunsten des Unternehmers. Da der betroffene Handwerker offensichtlich nahezu allen Stadträten persönlich bekannt und gut beleumundet war, entschloss sich das Gremium zu einer begünstigenden Intervention.[233]

---

[231] Hierzu etwa H. Krone, der äußerte, dass die Nationalsozialisten diesen z.T. mehr vertrauten als den sog. „Märzgefallenen", vgl. Nachlass Schmerbeck Ordner Parteipolitik Brief Krone an Schmerbeck vom 21. Juni 1933, vgl. auch Wehler: Nationalsozialismus. S. 61.

[232] Vorstellbar wäre ja durchaus, dass die NS-Führung aus Furcht vor potentieller Blockbildung in der Verwaltung Interventionen von Seiten des Zentrums bewusst nicht berücksichtigte.

[233] Vgl. StAKa 3/B 18a Sitzung vom 10. November 1933. Ein weiteres Beispiel für eine erheblich weitergehende erfolgreiche Intervention seitens des ehemaligen Zentrumsministers Beyerle bietet der Fall des aus dem KZ entlassenen Jungzentrumsmannes Anton Huber aus Württemberg, vgl. Anton

Die scheinbare Kontinuität, die mit den Hospitanten aus den Reihen des Zentrums vorge-gaukelt werden sollte, wurde von der Öffentlichkeit also bis zu einem gewissen Grad so wahrgenommen, die Taktik zeigte sich erfolgreich.

Man traute den Zentrumsmännern noch lange Zeit (bis in den November 1933) eine gewis-se Handlungsfähigkeit zu. Dafür sprechen nicht nur die Kontakte zu Regimeopfern, die zum Teil keine andere Möglichkeit mehr sahen.[234] Allerdings wurden sie auch als Vertreter einer Opposition (wenn auch innerhalb des Systems) wahrgenommen, als Ansprechpartner bei Konflikten mit dem herrschenden System. Sie konform in die „Bewegung" zu überfüh-ren war den Nationalsozialisten also nicht gelungen, offensichtlich war den Menschen auch nicht dieser Eindruck vermittelt worden.

Angesichts der bereits vorgenommenen harten Maßnahmen gegen Vertreter und Organisa-tionen des politischen Katholizismus muss es ungemein verwundern, dass diese nach wie vor als Hospitanten geduldet wurden. Dass sie aber von Verfolgten den Regimes als An-sprechpartner gesehen wurden, ist unter diesem Gesichtspunkt sogar eher verständlich.

Huber: Über den politischen Katholizismus, in: Rottenburger Jahrbuch für Kirchengeschichte 2 1983. S. 155-160, 157.

[234] Vgl. die Einladung zur Besichtigung eines Bauprojektes, dass Schmerbeck als Mitglied des Bau-prüfungsausschusses von einem Bauunternehmer erhielt, Nachlass Schmerbeck Ordner Kommunal-politik Brief Oertel an Schmerbeck vom 18. Oktober 1933.

6 Die Ausschaltung des politischen Katholizismus

6.1 Drohungen und Maßnahmen

Die Ausschaltung der politischen Gegner kann nicht losgelöst vom grundsätzlich gewalttätigen Charakter der NS-Bewegung gesehen werden. Dieser war den Zeitgenossen bewusst. Dementsprechend groß war auch der Druck, der auf den Oppositionellen lastete.[235] Auch die zumeist noch im formal legalen Rahmen bleibenden Maßnahmen gegen die Exponenten des Zentrums führten schon zu „freiwilligen" Rücktritten. Die hierbei an-gewandten erpresserischen Maßnahmen waren vielfältig.

Als anschauliches Beispiel kann der Rücktritt des Karlsruher Oberbürgermeisters Schneider dienen. Als Vorwand für die Rücktrittsforderungen diente die städtische Baupolitik. Ab Mitte April 1933 begann eine umfangreiche Pressekampagne seitens der NSDAP. Thema der Angriffe auf Schneider waren neben Verschwendungsvorwürfen vor allem Gestaltungsfragen, insbesondere die Verwendung des ideologisch nicht konformen Bauhausstiles bei der Errichtung des Dammerstock-Viertels.[236]

Gegen Schneider wurde vor allem die städtische Handwerkerschaft ins Feld geführt. Vermutlich wiegelten die Nationalsozialisten ein ohnehin schon vorhandenes Protestpotential auf und sorgten für publizistische Verstärkung.[237]

Zu beachten ist, dass angesichts der Planungen zur Gleichschaltung derartige Maßnahmen eigentlich nicht nötig waren, der umbesetzte Stadtrat hätte schließlich auch einfach so einen neuen Bürgermeister wählen können. Offensichtlich ging es also eher um den propagandistischen Aspekt, die „nationale Erhebung" sollte mit einem Paukenschlag gegen das „System" vollzogen werden. Den symbolischen Charakter betont auch die Diskussion um die Weiterverwendung des Bürgermeisters, die Schneider selbst Schmerbeck mitteilte. Demnach wollte die NSDAP-Führung Schneider durchaus in einer führenden Verwal-

---

[235] Vgl. Steinbach: Gleichschaltung. S. 79, 97.

[236] Im Vergleich zeigt sich die Absetzung des Freiburger Oberbürgermeisters erheblich dreister und in den benutzten Drohungen brutaler, vgl. Hourand: Gemeinden. S. 251ff.

[237] Dass die städtische Handwerkerschaft in einer Wirtschaftskrise mit der Baupolitik einer wirtschaftlich schwachen Stadt unzufrieden war, ist durchaus nachvollziehbar.

tungsposition halten,[238] vermutlich um den erfahrenen Fachmann nicht zu verlieren. Mit einem korrupten oder untragbaren Beamten wäre anders verfahren worden.

Interessant ist aus diesem Grund auch das umfangreiche Rechtfertigungsschrifttum Schneiders. Es handelt sich hierbei um eine mehrere Seiten umfassende Antwort auf die Vorwürfe gegen den Oberbürgermeister. Vorgesehen war sie laut Schmerbeck für die Veröffentlichung im „Führer", allerdings wurde sie entgegen einer entsprechenden Absprache von der NS-Zeitung nicht abgedruckt.[239] Schneider brachte sie daher dem Karlsruher Zentrum zur Kenntnis. Er betonte unter anderem die wirtschaftliche Notwendigkeit der städtischen Baupolitik. Sich selbst bezeichnete er als Gegner der Bauhausschule, seine Haltung sei bei der Entscheidung nicht ausschlaggebend gewesen. Er sah sich hierin durch dezidiert rechtsgerichtete Architekten überstimmt (die laut Schneider bereits durch antisemitische Straftaten aufgefallen waren).

Auch andere Vorwürfe gegen seine Person wies Schneider zurück: „Die angebliche Drangsalierung nationalsozialistischer Beamter durch mich ist eine gemeine Verleumdung. Man weiß im Rathaus, dass das Gegenteil richtig ist."[240] Warum allerdings ein Zentrumsbürgermeister (wie hier indirekt behauptet) NS-Beamte hätte protegieren sollen, lässt sich nicht schlüssig erklären. Sie fügt sich auch nicht in das Konzept der nationalen Sammlung ein, denn diese hätte nur Zusammenarbeit, keine aktive Förderung der NSDAP erfordert. Daher ist vermutlich eher von einer Schutzbehauptung auszugehen. Dass Schneider von den Nationalsozialisten tatsächlich als echter politischer Gegner gesehen wurde, würde den Aufwand bei seiner Ausschaltung erklären. Aufgestaute Rachegelüste konnten so effektiv befriedigt werden.

Bemerkenswert ist der relativ hohe Grad der Selbstgleichschaltung in Schneiders Ausführungen. Wodurch erklärt sich dieses Entgegenkommen des Zentrumsmannes, der ja

---

[238] Unter diesem Gesichtspunkt ist auch die bereits kurz angesprochene Darstellung des Falles durch Worch interessant, zur Kontinuität in der Verwaltung vgl. Michael Ruck: Kollaboration - Loyalität – Resistenz. Administrative Eliten und NS-Regime am Beispiel der südwestdeutschen Innenverwaltung, in: Thomas Schnabel (Hg.): Formen des Widerstandes im Südwesten 1933-1945. Scheitern und Nachwirken. Ulm. 1994. S. 124-151, 131.

[239] Die Absprache diente vermutlich genau dem Zweck, Schneider von der Verbreitung in Eigenarbeit abzuhalten.

[240] Nachlass Schmerbeck, Ordner Kommunalpolitik. Ausführungen Schneiders, ohne Datum (wohl 7. oder 8. Mai 1933). Der Befund passt allgemein zu den Forschungsergebnissen, dass die Politik gegenüber NS-Beamten relativ strikt gewesen sei, vgl. Rehberger, Gleichschaltung. S. 25, 83.

schließlich angegriffen worden war? Die Drohkulisse des NS-Regimes ist hier wohl im Zusammenwirken mit der Tatsache zu sehen, dass Schneiders wirtschaftliche Situation vom Wohlwollen der neuen Machthaber abhängig war. Dieses Problem führte zu langen und intensiven Debatten zwischen Zentrum und NSDAP. Ideologische Übereinstimmungen mag es in der Angelegenheit Schneider zwar gegeben haben, etwa bei der Ablehnung von „Modernismen" wie der Bauhausarchitektur. Entscheidend waren aber andere Gründe. Von einer übertriebenen Loyalität zum „neuen Staat", mit dem anfangs auch seitens des Zentrums noch Hoffnungen verknüpft waren, ist nach den o.g. Enttäuschungen bei Schneider nicht mehr auszugehen. Seine Äußerungen erklären sich wohl eher aus Existenzängsten des in seiner Lebensstellung erschütterten Mannes.

Ein weiterer interessanter Fall ist der führende Zentrumspolitiker Heinrich Köhler. Der ehemalige Staatspräsident und Finanzminister (sowohl im Reich als auch in Baden) war am 3. Juni für einige Tage in „Schutzhaft" genommen worden. Vorwand für die Verhaftung war der Schutz Köhlers vor inszeniertem öffentlichem Aufruhr.[241] Schmerbeck versuchte damals offensichtlich zugunsten Köhlers Einfluss zu nehmen. Zu diesem Zweck suchte er den Kontakt zur Familie und zur Parteispitze. In einem Brief an Krone forderte er das Eingreifen Brünings. Auch von Seiten des Freiburger Erzbischofes und der päpstlichen Nuntiatur hoffte er auf Interventionen. Ziel der Bemühungen war es (neben dem persönlichen Wohl Köhlers),[242] den Nationalsozialisten Grenzen im Umgang mit den Zentrumsleuten aufzuzeigen, wie Schmerbeck Krone gegenüber freimütig schilderte: „*Wir müssen zeigen, daß es bei uns nicht so einfach ist, mit unseren Leuten nach persönlichem Gutdünken zu verfahren und daß unsere Leute nicht dazu da sind, Stimmungen abzureagieren.*" Schmerbeck unterschätzte die Nationalsozialisten (trotz seiner sonst eher reiferen Analysen) also offensichtlich nicht nur in ihrem Machtwillen und ihrer Lernfähigkeit. Auch ihre Bereitschaft zur Konfrontation war größer als der Zentrumsmann es erwartete. Zudem steht zu bezweifeln, ob die von ihm genannten Ansprechpartner willens oder in der Lage gewesen wären, ihre ohnehin eher begrenzte Handlungsfähigkeit für einen bereits in die zweite Reihe zurückgetretenen Mann der Zentrumslinken einzusetzen, der sich „nur" in

---

[241] Ein Artikel im „Führer" bezichtigte Köhler und andere Politiker der Vorteilsnahme. Köhler sollte sich auf Staatskosten eine luxuriöse Badezimmereinrichtung geleistet haben. Schon diese Anschuldigung stützt den Eindruck einer Inszenierung. Zum Thema Schutzhaft Köhler vgl. Nachlass Schmerbeck Ordner Parteipolitik zusammenhängende Einträge und Zeitungsartikel ab dem 3. Juni 1933.

[242] Hierbei ist an das gute Verhältnis zwischen Schmerbeck und Köhler zu denken.

geordneter Schutzhaft befand. Vor allem angesichts der gleichzeitig laufenden Konkordatsverhandlungen wäre einiges an Zurückhaltung aus taktischen Gründen verständlich.

Aus taktischen Gründen erklärte sich zum Teil auch die Einsatzfreude Schmerbecks für Köhler. Das Ziel war die Wiederherstellung der innerparteilichen Solidarität, die offensichtlich stark gelitten hatte.[243] Schmerbeck war wohl besorgt um die Auswirkungen auf die Motivation der politischen Aktivisten: „Es ist auch deshalb notwendig, daß diejenigen, die *heute* (Hervorhebung im Original, J.S.) sich führend an die Spitze stellen, des Gefühles nicht verlustig gehen für sich und ihre Familie bei den Gesinnungsfreunden eine Stütze zu haben." Offensichtlich erwartete Schmerbeck zwar noch weitere Verfolgungsmaßnahmen, aber (zumindest für die Zentrumsleute) keine Gefahr für Leib und Leben. Seine Äußerungen wären ansonsten mehr als zynisch, da in diesem Falle die angehenden Opfer gewissermaßen bewusst ruhig gehalten worden wären. Neben diesen Notizen zeigt der Fall Köhler zudem exemplarisch und in einer Innenansicht, welche Schwierigkeiten die Inschutzhaftnahme für dessen politische Gefährten bedeutete. Zudem zeigen sich auch die begrenzten Möglichkeiten gegen einen solchen Willkürakt. Interveniert wurde an zahlreichen Stellen, ohne das ersichtlich wäre, ob die schon am 7. Juni erfolgende Entlassung dadurch schneller herbeigeführt wurde.[244] Immerhin bot schon der Haftvorwand (unmittelbare Gefährdung Köhlers) keinen Grund für einen längeren Gefängnisaufenthalt. An diesem Beispiel zeigt sich die Perfidie des nationalsozialistischen Vorgehens. Die Führung des Karlsruher Zentrums scheint (zumindest vermitteln Schmerbecks Aufzeichnungen diesen Eindruck) in der entsprechenden Woche stark mit diesem Fall ausgelastet gewesen zu sein. Der scheinbare Aktionismus war nicht unberechtigt, schließlich war bei der öffentlich inszenierten Inhaftnahme schon die (nach wie vor mögliche) Verlegung in das Konzentrationslager Kislau gefordert worden. Sicherheitsgarantien für Köhler waren nicht gegeben oder aber kaum glaubwürdig.

Wie stark Zusammenhalt und Solidarität innerhalb des Zentrums tatsächlich angegriffen war, zeigte sich im Fall Köhler an der Haltung des badischen Parteivorsitzenden Föhr.

---

[243] Ein Beispiel hierfür ist der Fall des Staatspräsidenten Schmitt, der für seine Klagen über die schlechte Behandlung in der Schutzhaft noch innerparteilich kritisiert wurde.

[244] Neben den naheliegenden eigenen Partei- und Kirchenvertretern wandte sich Frau Köhler auch an einen Herrn Schacht (mit Zusatz Berlin). Auch wenn letzte Klärung hierbei nicht möglich ist, dürfte es sich tatsächlich um den damaligen Reichswirtschaftsminister Hjalmar Schacht handeln. Von diesem war immerhin der nötige Einfluss zu erwarten. Zudem war Köhler ihm aufgrund seiner Position als Reichsbankpräsident zu Köhlers Zeit als Finanzminister sicherlich sehr gut bekannt.

Sowohl gegenüber Schmerbeck als auch im Gespräch mit Köhlers Ehefrau betonte er, dieser sei an seiner Lage selbst schuld, „er habe sich immer aufs hohe Ross gesetzt."[245] Das hierin offensichtliche Problem der Partei machte sie zu einem erheblich einfacheren Opfer. Schon die offizielle Parteiführung und die inoffizielle Parteielite arbeiteten keineswegs gut zusammen, nicht zuletzt vielleicht auch Ergebnis der inneren Flügelkämpfe.

Bemerkenswert ist die Kommunikation mit dem Häftling. Diese wurde nahe liegender Weise über einen Geistlichen, der Köhler in der Haft besuchte, erledigt. Dieser Kontakt dürfte für die politischen Freunde des Häftlings sehr hilfreich, für den Häftling selbst und seine Familie vor allem sehr beruhigend gewesen sein.

Neben Schutzhaft und der Verdrängung aus dem Beruf gab es allerdings auch noch andere Maßnahmen, die seitens der neuen Regierung gegen den politischen Katholizismus betrieben wurden. Am 21. Juli wurde die im Hause Schmerbecks befindliche Landesgeschäftsstelle der damals bereits aufgelösten Windthorstbünde durchsucht. Offensichtlich versuchten die Beamten etwaiges Beweismaterial zu sichern, bevor es (im Zuge der Abwicklung der Organisation) verschwinden konnte. Beschlagnahmt wurden vor allem Zeitschriften und Propagandamaterial, allerdings gab es auch Interesse an anderen Dingen: „Besonders scharf waren sie auf Listen und Geld." Hier bestätigt sich der Eindruck präventiver Maßnahmen gegen eine illegale Weiterführung, zumal auch andere führende Karlsruher Windthorstbündler entsprechenden Besuch von der Polizei erhielten. Wie tief Schmerbeck von diesen Eingriffen betroffen gewesen sein dürfte, zeigt der triumphierende Tonfall, in dem er von der Sicherung der Vereinsbibliothek berichtet: *„Ebenso statteten sie unserem bisherigen Bücherei- und Lesezimmer im Kolpinghaus einen Besuch ab und waren nicht besonders erfreut, daß sie nicht die Bücherei nicht (sic) mehr vorfanden. Wir waren etwas früher aufgestanden und hatten die Sicherstellung (...) selbst vorgenommen."*[246] Dieser bescheidene Triumph musste schließlich vor den Ereignissen der vorangegangenen Wochen umso größer erscheinen. Allerdings konnten auch solche kleinen Erfolge in Rückzugsgefechten kaum mehr verdecken, dass die Luft für die katholischen Politiker deutlich

---

[245] Ob sich Föhr so krass ausdrückte, ist schwer zu beurteilen. Angesichts des zerrütteten Verhältnisses zwischen ihm und dem Überlieferer wäre eine Verschärfung durchaus vorstellbar.

[246] Der Bestand der laut Verzeichnis sehr umfangreichen Bibliothek wurde von der Vereinsführung aufbewahrt, zu den Durchsuchungsaktionen vgl. Nachlass Schmerbeck Ordner Kommunalpolitik Eintrag zum 21. Juli 1933.

dünner wurde. Nach einigen Monaten im Schwebezustand des nahezu einflusslosen Hospitantenstatus kam schließlich auch die endgültige Kaltstellung der Mandatsträger.

6.2 Die Verdrängung der Mandatsträger des aufgelösten Zentrums

Die Mandatsträger, die aus den Reihen der Zentrumspartei hervorgegangen waren, blieben in ihrer politischen Tätigkeit ein Problem für die Nationalsozialisten. In einigen, vermutlich unerwartet vielen Fällen gliederten sie sich nicht wie erhofft in das neue System ein. Aus diesem Grund gab es für die Nationalsozialisten zu ihrer Entfernung keine Alternative. Verständlicherweise waren solche Handlungen erst ab einem gewissen Zeitpunkt möglich, um unnötige Beunruhigungen der Bevölkerung zu vermeiden.[247]

Die Art der Verdrängung zeigt wiederum Beispiele für die nationalsozialistische Herrschaftstechnik und die typische Verquickung von staatlichem Handeln und illegalen Maßnahmen im nationalsozialistischen „Doppelstaat".

Als klassisches Beispiel bietet sich im untersuchten Material der Fall der Bürgerausschussabgeordneten Anna Geiger an. Die Witwe war vom Zentrum in die zweite Kammer der Kommunalvertretung entsandt worden. Im Zuge der Umbildung der Kommunalorgane nach den Gleichschaltungsgesetzten war sie als Frau ohnehin vom automatischen Mandatsverlust betroffen gewesen. Der Abgeordneten selbst war ihre exponierte Position allerdings nicht geheuer. Im Zuge der Umbildungen nach der Parteiauflösung erklärte sie daher eigenständig ihren Rücktritt, um nicht von der Stadtverwaltung dazu gedrängt zu werden. Eine Weisung seitens der ehemaligen Fraktion lag dazu ausdrücklich nicht vor: Schmerbeck befand sich auf Kur, sein Vertreter Frank gab Geiger ihrem Brief nach keine Anweisungen.[248] Eine Zusammenarbeit bei der Gleichschaltung lag also nicht vor. Interessant ist der Umstand, dass die Nationalsozialisten ihre Gesetzesvorgaben nicht einmal konsequent durchsetzen mussten. Schon die durch sie im Raum stehende Drohung sorgte bei der Zielgruppe für vorauseilende Konformität.

---

[247] Vgl. Michael Kißener, Joachim Scholtyseck: Nationalsozialismus in der Region, in: Dies.(Hg.): Die Führer der Provinz (=Karlsruher Beiträge zur Geschichte des Nationalsozialismus 2). Konstanz 1997. S. 25.

[248] Vgl. Nachlass Schmerbeck Ordner Kommunalpolitik Brief Geiger an Schmerbeck vom 6. August 1933.

Eine andere Taktik zur Verdrängung eines Mandatsträgers wandten die Nationalsozialisten bei Schmerbeck selbst an. Gegen ihn als Beamten konnte der Staat in seiner Eigenschaft als Dienstherr auf eine breite Palette von Möglichkeiten zurückgreifen.[249] Mit seiner Tätigkeit als Lehrer war hierfür der geeignete Hebel vorhanden. Um ihn auszuschalten, wurde er an eine Gewerbeschule ins protestantisch geprägte südbadische Schopfheim versetzt. Durch scheinbar normales Verwaltungshandeln war der ehemalige Zentrumspolitiker somit als politischer Faktor ausgeschaltet.

6.3 Illegale Weiterarbeit nach der Gleichschaltung?

Ob und in welcher Weise nach all diesen Maßnahmen noch von den ehemaligen Zentrumsleuten politisch gearbeitet wurde, ist schwierig zu beziffern. Die Illegalität dieser Arbeit verhinderte das Anlegen von bis heute nachweisbaren schriftlichen Quellen. Spätere Erinnerungen unterliegen auch einer gewissen Heroisierung.

Nachweisbar sind zunächst die Bemühungen um Reinhold Frank. Von Gesprächskreisen, an denen auch andere Karlsruher Kommunalpolitiker beteiligt waren, führte ihn seine Tätigkeit als Regimegegneranwalt ins Umfeld des Goerdeler-Kreises. Im Falle eines erfolgreichen Putsches war er als Beauftragter für den Raum Baden vorgesehen. Für diesen Fall bestand auch Kontakt zu weiteren vertrauenswürdigen Aktivisten aus dem früheren Zentrum und dessen Nebenorganisationen.[250]

Zumindest Gesprächskreise hatten sich auch wohl andernorts gebildet. Gerade die Entscheidung, ehemalige Zentrumsfunktionäre nach Südbaden abzuschieben ist in diesem Zusammenhang interessant, da sich diese dort schnell zusammenfanden.[251]

---

[249] Vgl. Steinbach: Gleichschaltung. S. 97.

[250] In dieses Bild passt auch eine von Berthold Schmerbeck erinnerte Bemerkung seines Vaters, er sei gebeten worden, sich im Falle ungewöhnlicher Ereignisse im Juli 1944 im badischen Kultusministerium zu melden. Vgl. zudem auch Kißener: Widerstandkreis.

[251] Schmerbecks Sohn Hermann Schmerbeck erinnert sich an solche Treffen. Allgemein zur schwierigen Nachweisbarkeit der katholischen Opposition vgl. Joachim Köhler: Die katholische Kirche in Baden und Württemberg in der Endphase der Weimarer Republik und zu Beginn des Dritten Reiches, in: Thomas Schnabel (Hg.): Die Machtergreifung in Südwestdeutschland (=Schriften zur politischen Landeskunde Baden-Württembergs Band 6). Stuttgart 1982. S. 257-294, 278.

7 Zukunftsperspektiven - Weiterarbeit in der NS-Bewegung

7.1 Bemühungen seitens der NSDAP-Fraktion und Ortsgruppe

Die Gleichschaltung war neben dem Prozess der Ausschaltung von Widerständen auch ein Prozess der Eingliederung in das nationalsozialistische System. Neben dem angewandten Zwang wurde zum Teil seitens der Nationalsozialisten auch Überzeugungsarbeit geleistet.

Auch um die Zentrumspolitiker bemühte sich das NS-Regime, auf allen Ebenen und zum Teil nicht ohne Erfolg. Gerade der Karlsruher Kreisleiter war für seine Bemühungen um die Hospitanten bekannt, da er in seinem Amtsbereich versuchte, durch die Einbeziehung angesehener Bürger eine breite Legitimationsbasis für das nur noch beratende Gremium zu schaffen.[251] Sofern diese sich ideologisch einigermaßen in das nationalsozialistische Denken integrieren konnten (die partiellen ideologischen Kongruenzen spielen auch hier eine Rolle) waren diese Übertritte ganz ohne Zweifel im Sinne der Nationalsozialisten und ihrer Verankerung im Volk.

Vermittelt werden konnte eine Annäherung an die Partei über den persönlichen Kontakt. Im Quellenmaterial sind aus diesem Grunde wohl zahlreiche Einladungen zu Parteiveranstaltungen gesellschaftlicher Natur erhalten. Die Einladungen reichten vom „gemütlichem Beisammensein der Stadträte" über den „Kameradschaftsabend" der Mitarbeiter der Stadtverwaltung zum Kleinkaliberschießen mit der NSDAP-Ortsgruppe.[252] Schon anhand des militärischen Aufzuges und der Militarisierung der Sprache lässt sich an diesen Einladungen die nationalsozialistische Umgestaltung in allen Gesellschaftsbereichen ablesen. Zudem verdeutlichen sie, dass gegenüber den Hospitanten keineswegs eine Isolationstaktik betrieben wurde. In der Perspektive der Selbstgleichschaltung war ihre Anwesenheit offensichtlich durchaus erwünscht.

Beispielhaft ist etwa das Verhalten Worchs in den Gesprächen mit Schmerbeck. Die Annahme bestehender persönlicher Sympathien (zumindest seitens Worchs) dürfte nicht völlig falsch sein. Ein missionarisch angehauchtes Verhalten gegenüber dem als brauchbar

---

[251] Vgl. Koch: Worch. S. 817.

[252] Die jeweiligen Einladungen vgl. jeweils Nachlass Schmerbeck Ordner Kommunalpolitik.

erscheinenden Schmerbeck war wohl die Folge. Die ursprüngliche politische Gegnerschaft musste angesichts der Rekrutierung von zahlreichen NS-Führern kein zwingendes Hindernis darstellen. Worch selbst war beispielsweise lange Zeit als Gewerkschafter tätig gewesen, kannte also den Lagerwechsel aus eigener Erfahrung.[254] Letztlich war das Werben aber erfolglos.

Klare Verhältnisse waren ohnehin längst geschaffen. Im Stadtrat war die Ansicht, dass außerhalb der NSDAP-Fraktion keinerlei Zukunft mehr bestand seit dem 8. Mai 1933 ausgesprochene Tatsache.[255] Der Versuch der Nationalsozialisten, in die Reihen der deutschen Katholiken einzubrechen, war auch organisatorisch unterfüttert durch die Arbeitsgemeinschaft Katholischer Deutscher (AKD).

7.2 Vorstufe oder Parteiersatz? - Betätigung in der AKD

Die grundsätzlichen Unvereinbarkeiten zwischen Katholizismus und Nationalsozialismus bestanden trotz aller Annäherungen und Erklärungen der Bischöfe fort. Die Integration der Katholiken in den „neuen Staat" war daher für die Machthaber ein Problem. Über die Partei erschien diese nicht erreichbar. Instrument dieser Integration wurden daher im Umfeld des Vizekanzlers von Papen gegründete Vereine. Daraus entwickelte sich in direkter Steuerung durch das Regime im Oktober 1933 die „Arbeitsgemeinschaft katholischer Deutscher" (AKD) mit Papen als Vorsitzendem. In absoluter Loyalität zum Führerstaat gehalten bildete sich hier eine katholische Vorfeldorganisation der NSDAP. Große Wirksamkeit erreichte sie im Zuge der Durchsetzung des nationalsozialistischen Systems als Sammelbecken für Katholiken allerdings nicht. Die AKD wurde nicht zum Sammelbecken des deutschen Katholizismus und zu dessen Interessenvertretung gegenüber der NSDAP. Dieses wäre angesichts des Alleinvertretungsanspruches der NSDAP für das ganze deutsche Volk auch nicht in deren Sinne gewesen.[256]

---

[254] Vgl. Koch: Worch. S. 807f.

[255] Worch: „Die weitere Entwicklung Deutschlands gehe dahin, daß es keinen Marxismus mehr gäbe, ebenso auch keine Partei des Herrn Hugenberg und des Zentrums." StAKa 3/B 16a Sitzung vom 8. Mai 1933.

[256] Eine übersichtliche Darstellung zu Zweck und Wirken der AKD vgl. Klaus Breuning: Die Vision des Reiches. Deutscher Katholizismus zwischen Demokratie und Diktatur (1929-1934). München 1969. S. 225-237.

Welchen Stellenwert aber hatte diese einflusslose Organisation für ihre Mitglieder, welchen Eindruck hinterließ sie bei ihrer anvisierten Klientel, wo lagen die Motive für den im Einzelfall vollzogenen Beitritt?

Offenbar trug sich auch Schmerbeck mit dem Gedanken, der AKD beizutreten, womit sich die Möglichkeit bietet, zumindest Anhaltspunkte zu den obigen Fragen zu sammeln. Angeregt wurde Schmerbeck zu diesen Überlegungen durch eine entsprechende Zeitungsmeldung, in der Papen die AKD charakterisierte. Ihre Aufgabe sollte demnach die Vermittlung zwischen den Anliegen von Staat, Partei und Kirche, damit also auch denen des katholischen Bevölkerungsteiles sein. Ausdrücklich wurde auf die Möglichkeit der Mitgliedschaft für Nicht-Parteigenossen hingewiesen. Schmerbeck vermutete in diesem Sinne vermutlich Möglichkeiten zur Einflussnahme durch die Mitarbeit in der AKD, ohne der NSDAP beitreten zu müssen. Hierin ist vermutlich auch ein häufiges Motiv für Beitritte zu sehen.[257] Staatsbedienstete, die zum Parteieintritt gedrängt wurden, dürften mit der Mitgliedschaft in der AKD den sonst drohenden Vorwürfen mangelnder nationaler Gesinnung vorgebeugt haben. Ähnliche Verhaltensweisen sind schließlich auch für die andere Parteigliederungen und Vereinigungen bezeugt.[258]

Ein gewisses Misstrauen gegenüber der neuen Organisation war wohl auch bei Schmerbeck vorhanden. Ein als Konzept erhaltener Brief an die Geschäftsstelle bittet um Auskünfte über die Führung der AKD und ihre Ausrichtung. Daneben fragte Schmerbeck nach den mit der Mitgliedschaft verbundenen Verpflichtungen. Gemeint war hier wohl neben dem Zeitaufwand vor allem die Frage nach der obligatorischen Mitgliedschaft in der

---

[257] Berthold und Hermann Schmerbeck schilderten einen Versuch ihres Vaters, den in späteren Jahren von Beamten oft erwarteten Parteieintritt zu umgehen: Vor Inkrafttreten einer der Mitgliedersperren habe Schmerbeck einen Aufnahmeantrag zeitlich so abgeschickt, dass dieser zwar den Anschein einer Bewerbung erweckte, aber unmöglich rechtzeitig bearbeitet werden konnte.

[258] Vgl. Hehl: Rheinland. S. 266. Einer besonderen Beliebtheit als nationale „Alibiorganisation" erfreute sich offensichtlich auch der Stahlhelm, vgl. Karl Dietrich Bracher: Stufen totalitärer Gleichschaltung: Die Befestigung der nationalsozialistischen Herrschaft 1933/34, in: Michael Kißener (Hg.): Der Weg in den Nationalsozialismus 1933/34. Darmstadt 2009. S. 93, Schepua: Provinz S. 228. Welches Ausmaß die Übertritte in den Stahlhelm haben konnten, zeigt Nestler: Widerstand. S. 302-305. Ganze Ortsvereine stellen sich demnach als (z.T. extra zu diesem Zweck gegründete) Nachfolgeorganisationen des Zentrums dar. Grill schätzt die Zahl betroffenen badischen Zentrumsmänner auf 1500, vgl. Grill: Nazi. S. 329.

NSDAP. Auch über die Akzeptanz der AKD seitens der Bischöfe war sich der Stadtrat noch unsicher. Ohne diese wäre die AKD natürlich zum Scheitern verurteilt gewesen.

Zur Beantwortung seiner Fragen erhielt Schmerbeck ein Informationsblatt der AKD zugeschickt. Etwa zwei Wochen nach dem vermerkten Eingang notierte er die mit Geistlichen über seinen Beitritt geführten Gespräche. Zum Teil befürworteten diese den Beitritt. Trotz dieser geistlichen Unterstützung notierte Schmerbeck allerdings, dass ihm die Entscheidung „außerordentlich schwer" falle. Den (wohl vorbereiteten und dem Informationsmaterial beiliegenden) Anmeldebogen habe er noch nicht abgesandt. Da weitere Informationen hierzu fehlen und die AKD schließlich keine Bedeutung erlangte, ist davon auszugehen, dass er sich nie zum Beitritt entschloss. Grund für diesen Entschluss war vermutlich die sichtliche Nähe der AKD zur NSDAP: Auf dem Informationsmaterial prangte ein Hakenkreuz, die führenden Mitglieder wurden als „erprobte Kämpfer" und „Parteigenossen" bezeichnet. Offensichtlich musste sich Schmerbeck aber anfangs von der Mitarbeit in der AKD tatsächlich Einflussmöglichkeiten versprochen haben, da ihm die Entscheidung ansonsten leichter gefallen wäre. Er sah in der AKD zumindest nicht von Anfang an eine reine Zubringerorganisation der NSDAP.[259]

Die Überlegung der AKD beizutreten passt in das allgemeine Bild des politischen Katholizismus im Gleichschaltungsprozess. Darin zeigt sich die nahezu unbedingte Bereitschaft zur Mitarbeit unter den Bedingungen der Zeit.

---

[259] Ob ein Zusammenhang mit der Agitation der AKD zur Gleichschaltung der konfessionellen Jugendverbände besteht, ist leider nicht nachweisbar. Die zeitliche Nähe und die Affinität Schmerbecks zu Jugend- und Vereinsfragen würden hierzu allerdings passen, vgl. Schellenberger: Jugend. S. 113f.

8 Zusammenfassung

Die Schwerpunktlegung auf der Auswertung bislang weitgehend ungenutzter Archivalien bedingte die inhaltliche Vielfalt dieser Untersuchung. Zur Einordnung in ein Gesamtbild sollen daher die wesentlichen Ergebnisse dieser Arbeit zunächst zusammengefasst werden. Die hieraus gezogenen Schlussfolgerungen schließen sich an.

Grob unterteilen lassen sich die im Rahmen der Arbeit behandelten Themen zunächst in eine Innenansicht des badischen Zentrums und in die Arbeit der Partei bzw. ihrer Vertreter unter den Bedingungen der Gleichschaltung.

Zum Wirken der Partei ist zunächst zu bemerken, dass sich die in weiten Teilen der historischen Forschung anerkannten Ansichten zum Ende des Zentrums auch für Baden bestätigten. Die Partei war durch ihre prinzipielle Verpflichtung zur positiven politischen Mitarbeit, zur „nationalen Arbeit", letztlich in eine Lage geraten, in der sie sich selbst auflöste. Diese Bereitschaft zur Mitgestaltung der politischen Verhältnisse war auch auf der kommunalpolitischen Ebene in einem nahezu unbedingten Ausmaß vorhanden. Auch hier führte sie zur Zusammenarbeit mit der NSDAP und nicht in die Totalopposition. Allerdings zeigen sich auch hier Teile des Zentrums äußerst lethargisch. Gerade die jüngere Politikergeneration scheint hingegen alle von den Nationalsozialisten offen gelassenen Wege zur politischen Mitarbeit nutzen zu wollen. So sollte der eigenen Partei möglichst viel Einfluss erhalten bleiben, die Mitarbeit war keine Unterstützung der NSDAP in ihrer Machtbefestigung. Zu diesem Zweck wurde zum Teil stark von den gewohnten Routinen der Partei abgewichen: Wo sich die Hierarchie zu zurückhaltend zeigte, trat Eigeninitiative in den Vordergrund. Wo die Satzung unzulänglich war, wurde von ihr abgewichen. So kam die Karlsruher Zentrumsfraktion zu einem in Eigeninitiative eingesetztem Führer, der ihre Anliegen vertreten sollte. Auch von der demokratischen Vertretung gemäß dem Stimmenproporz wichen die vormaligen Verfechter der Verfassung ab und verlegten sich auf die „Lobbyarbeit" bei den NSDAP-Funktionären. Diese Vorgehensweise muss allerdings aus der damaligen Perspektive als die einzig aussichtsreiche erscheinen. Die mit dieser Entwicklung einhergehenden autoritären Lösungen, die sich auch im Zentrum durchsetzten, waren sicherlich zum Teil Ergebnis der jahrelangen Gewöhnung an solche unter Brüning und den Präsidialkabinetten. Auch der generelle Wunsch nach stärkerer und klarerer Führung, wie er besonders in der Jugend vorhanden war, mag eine Rolle gespielt haben. Bestimmender und auslösender Faktor war aber die Einsicht in die schlichte Alternativlosigkeit in der damaligen Situation.

Auch nach der Parteiauflösung suchten die Zentrumsmänner noch nach Möglichkeiten zur politischen Betätigung, auch wenn diese formal die Mitgliedschaft in der NSDAP-Fraktion (nicht jedoch in der Partei!) erforderlich machte. Die Ausführungen zur AKD haben gezeigt, zu welchem Zeitpunkt und bis zu welcher Konsequenz noch der Wille zum politischen Engagement vorhanden war.

Dass die Erwartung einer Beteiligung an der politischen Gestaltung nicht unberechtigt sein musste, wurde ebenfalls aufgezeigt: Ein Versagen der NSDAP-Funktionäre im Amt erschien den Vertretern des politischen Katholizismus durchaus realistisch. Die Zentrumspolitiker hofften darauf, dass der Staat in diesem Falle auf sie als bewährte Kräfte hätte zurückgreifen müssen. Berechtigt war diese Haltung durchaus angesichts der Vorstellung, die die neuen Machthaber in den Vorjahren und den ersten Monaten ihrer Regentschaft abgeliefert hatten. Bei allen Problemen des NS-Machtapparates erfüllten sich die Hoffnungen auf eine wirksame Beteiligung allerdings nicht.

Neben dieser Erwartungshaltung bestand die Überzeugung, dass man seitens des Regimes schon aus Rücksicht auf die konfessionelle Repräsentation der Bevölkerung die Vertreter der Katholiken nicht gänzlich verdrängen würde. Auch aus diesen Gründen ist die Realität der kommunalpolitischen Arbeit hier geschildert worden. Hinsichtlich des tatsächlich verbliebenen Einflusses der Zentrumsleute entsteht hierbei ein zu wenig aussagekräftiges Bild um allgemeine Aussagen zu diesem Problem treffen zu können. Für den untersuchten Karlsruher Fall dürften sich aufgrund der Quellenlage kaum exaktere Analysen anstellen lassen. Dennoch zeigt sich der Vergleich mit der Eigendarstellung durch Schmerbeck interessant. Ein gewisses Maß an Einfluss scheint den Zentrumsmännern in diesem Fall zumindest zeitweise verblieben zu sein. Dieser bestand nicht nur bei Sachfragen, sondern konnte offensichtlich auch in wirksame Interventionen zugunsten von Opfern des Machtübernahmeprozesses umgesetzt werden. Letztgültiger Klärung entzogen bleibt aber, welche Faktoren für solche Erfolge zusammentreffen mussten und welche Dauerhaftigkeit diese kleinen Siege besaßen.

In dieser Frage wurde auch die ausgeprägte Personenbindung des hier beschriebenen Gleichschaltungsprozesses deutlich. Abhängig war die Entwicklung trotz der massiven Dominanz der Nationalsozialisten letztlich in vielen Fällen von den Persönlichkeiten der jeweiligen Verhandlungspartner auf Seiten des Zentrums und der NSDAP. Das Verhältnis zwischen Schmerbeck und dem NSDAP-Kreisleiter Worch kann hierbei als Beispiel dienen. Auch beim Vertrauensmännerverfahren zur Umbildung der Selbstverwaltungsorgane im Juli 1933 zeigt sich diese Tatsache. Die bisherige Erforschung dieses Verfahrens konnte gerade unter diesem Gesichtspunkt stark ergänzt werden. Auch hier arbeiteten die Zentrumsmänner keineswegs ausschließlich als wegbereitende Statisten für die NSDAP. Ziel war immer noch der Erhalt von einflussreichen Positionen. Dass diesem Bemühen letztlich kein bleibender Erfolg beschieden war, bedarf natürlich kaum größerer Ausführungen. Die hier erfolgte Richtigstellung zur z.T. hinter dieser Tätigkeit stehenden Motivation wird durch diese Tatsache aber keineswegs entwertet.

Gewissermaßen abschließend waren durch das neue Quellenmaterial noch anschauliche Schilderungen von Fallbeispielen der Verdrängung von Mandatsträgern und Funktionären der NSDAP möglich. Besonders interessant stellt sich in diesem Zusammenhang wohl die Schutzhaft des ehemaligen Reichsfinanzministers und Staatspräsidenten Köhler dar. Der zur Vervollständigung des Gesamtbildes vorgenommene Ausblick auf eine spätere illegale Weiterarbeit dieses Personenkreises musste sich hingegen auf andere Quellen bzw. Forschungen stützen.

Für den zweiten Themenkomplex, die Innenansicht des badischen Zentrums, gilt es ebenfalls einige zusammenfassende Aussagen zu treffen.

Generell ist von einer nahezu durchgängigen Unterschätzung des Gegners zu sprechen. Besondere Bedeutung hat in diesem Zusammenhang das sogenannte Zähmungskonzept. Zu beachten ist auch, dass im Rahmen der allgemeinen Unterschätzung dennoch Abstufungen bei der Einschätzung des Gegners existieren. So waren Parteijugend und Parteilinke dem Nationalsozialismus gegenüber kritischer eingestellt.

Allgemein belastet wurde das Zentrum durch die geringe Bereitschaft zu politischer Aktivität, die mangelnde Professionalität des Parteiaufbaus und einen gravierend schlechten Informationsfluss. Diese Befunde fügen sich in das Bild der Gesamtpartei ein.

Die dargestellten Lagebeurteilungen der verschiedenen badischen Zentrumsvertreter zeigen ein breites Bewertungsspektrum, dementsprechend weitgespannt sind auch ihre Handlungsempfehlungen. Partielle Eigeninitiative und die Unterordnung unter die Beschlüsse der Gesamtpartei scheinen hierbei nebeneinander zu existieren.

Für die Betrachtung der Gleichschaltung des politischen Katholizismus sind auch die Konflikte interessant, die diesen damals intern belasteten. Für Baden zu nennen ist der im untersuchten Quellenmaterial massiv auftretende Generationenkonflikt. Diesem wurde angesichts der damals bestehenden Herausforderung durch den Nationalsozialismus ein für den heutigen Betrachter unverständlich hohes Maß an Aufwand gewidmet. Der Grund hierfür liegt wohl auch darin, dass es sich nicht nur um die schlichte Fortführung des Zentrums-Konfliktes der Weimarer Republik handelte. Beide Seiten sahen in ihrem Weg wohl auch die richtige Reaktion auf die neuen Herausforderungen: die einen im Festhalten am gewohnten Kurs, die anderen in der Arbeit neuer Kräfte. Letztlich führte der Streit aber vor allem zu persönlichen Auseinandersetzungen zwischen den jeweiligen Exponenten. Dieser Streit konnte an sich und vor allem auch in der Art, wie er geführt wurde, der Sache des Zentrums in der damaligen Situation nicht förderlich sein. Vielmehr schwächte er den Zusammenhalt innerhalb der Partei. Dass dieser ohnehin schon angegriffen war, zeigt sich an den mehrfach aufgeführten Beispielen mangelhafter innerparteilicher Solidarität mit den Opfern nationalsozialistischer Zwangsmaßnahmen. Bemerkenswert sind bei diesen vor allem die anscheinend seitens der Partei gewählten Formulierungen.

Der in der Natur des behandelten Quellenmaterials angelegte biographische Einschlag dieser Untersuchung mit Bezug auf die Person Franz Xaver Schmerbeck schildert die Vorgänge des Jahres 1933/34 aus einer sehr anschaulichen und personalisierten Perspektive. Dieser Ansatz verdient neben den oben behandelten Kategorien noch zusätzliche Erwähnung. Interessant wird die Perspektive Schmerbecks durch die Position des überliefernden Protagonisten an der Parteibasis. Diese ermöglicht Einsichten in Schlüsselstellungen des Gleichschaltungsprozesses, etwa die Fraktionsführerschaft des Zentrums oder in die problematische Zusammenarbeit mit der NSDAP. Daneben verdient aber besonders auch die Deutlichkeit, in der die Quellen Motivationen und Zwangslagen der Zentrumspolitiker darstellen besondere Beachtung.

Zusammengefasst ergibt aus diesen Untersuchungsergebnissen ein Befund für Zustand und Handeln des Zentrums unter den Umständen der Gleichschaltung. Die aus diesem Befund zu ziehenden Schlussfolgerungen folgen im nächsten Kapitel.

9   Fazit

Einleitend zu diesem Fazit seien nochmals die Hauptmotivationen für die Handlungen des badischen Zentrums herausgestellt. Die zentrale Kategorie des Denkens bei den badischen Zentrumspolitikern war die nationale Arbeit, die verpflichtende Mitarbeit im Sinne des Gemeinwohls. Dieser Grundsatz tritt nicht nur im politischen Handeln zu Tage, er wird auch in den untersuchten Dokumenten mehrfach deutlich ausgesprochen und als Grund für die Mitarbeit im nationalsozialistisch beherrschten Staat genannt.

Das zweite Motiv der Zentrumsleute war die Erhaltung von Einfluss auf die Umgestaltung der Verhältnisse. Auch unter diesem Gesichtspunkt ist die Zusammenarbeit mit den Nationalsozialisten nach deren Bedingungen zu sehen: Eine Verweigerung hätte schließlich auch diese geringen Hoffnungen verbaut.

Die hier untersuchten Akten bieten Quellenbelege für die beiden oben angesprochenen Sachverhalte aus einer seltenen Perspektive. Diese Perspektive zeigt sich durch die zeitliche Nähe der Ereignisse und die Position des Überlieferers besonders interessant. Auch die eher private Nutzungsabsicht der Archivalien dürfte den Quellenwert erhöhen. Bei allen nötigen Abstrichen hinsichtlich der Subjektivität dürfte der weitgehende Verzicht auf Rücksichtnahmen (insb. bei den persönlichen Notizen) überwiegen. Möglich wird so auch ein recht offener Blick in die inneren Verhältnisse von Partei und Kommunalpolitik.

Aus dieser Perspektive zeigt sich das badische Zentrum nicht nur durch die aktuelle Herausforderung des Nationalsozialismus geschwächt. Auch die zahlreichen inneren Probleme machten der Partei schwer zu schaffen. Bei vielen davon handelte es sich im Endeffekt noch um Altlasten des Zentrums aus der Zeit der Weimarer Republik. Schon diese Probleme allein hätten einem entschiedenen Widerstand des politischen Katholizismus aus der Partei heraus deutliche Grenzen gesetzt.

Auf die Herausforderungen der „neuen Zeit" reagierten Teile des Zentrums mit großer politischer Kreativität. Auf diese Weise versuchten sie alle sich eventuell bietenden Spielräume zu nutzen. Dass diese Spielräume zumindest kurzfristig und in geringem Umfang bestanden haben, konnte gezeigt werden. In dieser Tatsache und der geschilderten Abhängigkeit von den handelnden Personen zeigt sich die Gültigkeit der Polykratie-These: Die Ausgestaltung des nationalsozialistischen Staates war zu einem guten Teil abhängig von den Mandatsträger und Funktionären der unteren Ebenen. Der Befund, dass die Etablierung des Regimes in Baden verhältnismäßig moderat vor sich ging und der Grund hierfür unter anderem auch in den handelnden Charakteren zu suchen ist, wird bestätigt.[260] Auch ließ die zur Umbildung des Staates geschaffene Rechtslage durchaus Spielräume für die jeweiligen lokalen Vertreter des Regimes. In diesen Spielräumen richtete sich die Opposition den Umständen entsprechend ein, sie suchte sich eine Nische im System.

In einer anschaulichen Darstellung hat die Untersuchung ebenfalls Fallbeispiele für die nationalsozialistische Herrschaftsdurchsetzung gezeigt. Diese Beispiele deuten den improvisierten, regional und lokal angepassten Charakter der Machtübernahme an.

Hinwegtäuschen können aber alle Spielräume und auch die weitgehend planlose Durchführung der Gleichschaltung durch die Nationalsozialisten nicht darüber, dass diese ihr Ziel dennoch erreichten: Nach nur sechs Monaten der Kanzlerschaft Hitlers hatte das Zentrum als Partei aufgehört zu existieren. Die „Nachhutgefechte" der Folgemonate waren verschiedenen Rücksichtnahmen geschuldet, sie hatten aber keine Substanz mehr. Allerdings verschwanden die Menschen, die diese Bewegung gebildet hatten, keineswegs mit der Partei. Wie gezeigt wurde, konnten diese Jahre später durchaus zu Problemfällen für die Machthaber werden.

Zum Abschluss dieser Untersuchung bleiben nur noch einige Forschungsdesiderate und Anregungen zu weiterer Beschäftigung zu formulieren.

Generell ist nach wie vor an der lokal- und regionalgeschichtlichen Untermauerung der bisherigen Forschung zum Nationalsozialismus im Allgemeinen und zur Rolle des politischen Katholizismus im Speziellen zu arbeiten. Nicht nur in Baden hatte das Zentrum (bzw. seine bayerische Schwesterpartei) 1933 in den geschlossen katholischen Gegenden eine vielfach kaum in Frage gestellte Machtstellung inne. Gerade diese Konstellation kann zu zahlreichen interessanten Fragestellungen Anlass geben. Besondere Beachtung verdienen hierbei die schnelle Beseitigung der Partei und der weitere Verbleib der Funktionäre. Auch eventuell noch vorhandene Spielräume der Opposition und deren Strategien und Gegenentwürfe wären von Interesse. Als Beispiel für dieses Problemfeld sei auf das Kapitel zur Vertrauensmännerproblematik in der vorliegenden Abhandlung verwiesen. Ein Vergleich der regional verschiedenen Vorgehensweisen bei der Verdrängung der Opposition könnte sehr interessante Unterschiede zwischen den einzelnen nationalsozialistischen Machtzentren aufzeigen. Untersuchungen dieser Art müssen sich am Einzelfall orientieren

---

[260] vgl. Kißener, Scholtyseck: Region. S. 28.

und bedürfen dazu meist intensiver Quellenrecherche. Diese Problematik leitet über zu einem zweiten Aspekt.

Der stark quellenanalytische Ansatz hat den historischen Wert des Schmerbeck-Nachlasses aufgezeigt. Gerade angesichts der für die unteren Ebenen der Politik schon nur als katastrophal zu bezeichnenden Quellenlage dürften weitere vielleicht noch existierende Nachlässe von damals aktiven Politikern interessante Einblicke gewähren.[261] Problematisch hierbei dürfte neben den schwierigen Überlieferungsumständen zum Teil auch die Bereitschaft sein, diese der historischen und damit notwendigerweise kritischen Untersuchung zur Verfügung zu stellen. Umso erfreulicher ist daher die Tatsache, dass durch die freundliche Bereitstellung von Nachlässen Untersuchungen wie diese ermöglicht werden.

---

[261] Ein weiteres Beispiel für eine auf einen Nachlass gestützte Untersuchung vgl. Martin Schumacher: Zwischen „Einschaltung" und „Gleichschaltung". Zum Untergang der Deutschen Zentrumspartei 1932/33, in: Historisches Jahrbuch 99 1979. S. 268-303.

10 Quellen und Literatur

10.1 Quellen

[1]   Nachlass Schmerbeck

[2]   Protokollberichte Stadtrat Karlsruhe 1933 Stadtarchiv Karlsruhe 3/B16a 3/B18a

10.2 Literatur

[1]   Aretin, Karl Otmar Freiherr von: Das Ende der Zentrumspartei und der Abschluß des Reichskonkordats am 20. Juli 1933, in: Frankfurter Hefte 17 1962. S. 237-243.

[2]   Becker, Josef: Das Ende der Zentrumspartei und die Problematik des politischen Katholizismus in Deutschland, in: Jasper, Gotthard (Hg.): Von Weimar zu Hitler 1930-1933 (=Neue Wissenschaftliche Bibliothek Bd. 25). Köln 1968, überarbeiteter Neudruck des Aufsatzes von 1963. S. 344-376.

[3]   Belz, Lothar: Baden und Württemberg im „Dritten Reich"- ein Forschungsüberblick, in: Kißener, Michael, Scholtyseck, Joachim (Hg.): Die Führer der Provinz (=Karlsruher Beiträge zur Geschichte des Nationalsozialismus Bd. 2). Konstanz 1997. S. 827-833.

[4]   Benz, Wolfgang: Geschichte des Dritten Reiches. München 2000.

[5]   Böckenförde, Ernst-Wolfgang: Der deutsche Katholizismus im Jahre 1933, in: Jasper, Gotthard (Hg.): Von Weimar zu Hitler 1930-1933 (=Neue Wissenschaftliche Bibliothek Bd. 25). Köln 1968. S. 317-343.

[6]   Borst, Otto (Hg.): Das Dritte Reich in Baden und Württemberg (=Stuttgarter Symposion Bd. 1). Stuttgart 1988.

[7]   Bracher, Karl-Dietrich: Die Technik der nationalsozialistischen Machtergreifung, in: Eschenburg, Theodor e.a. (Hg.): Der Weg ins Dritte Reich 1918-1933. München 19834. S. 134-155.

[8]   Ders.: Stufen totalitärer Gleichschaltung: Die Befestigung der nationalsozialistischen Herrschaft 1933/34, in: Kißener, Michael (Hg.): Der Weg in den Nationalsozialismus 1933/34. Darmstadt 2009. S. 50-65.

[9]   Ders.: Die nationalsozialistische Machtergreifung. Frankfurt a. M. 1974.

[10]   Ders.: Die Auflösung der Weimarer Republik (=Schriften des Instituts für politische Wissenschaften Bd. 4). Villingen 19644.

[11]   Bräunche, Ernst Otto: Die NSDAP in Baden 1928-1933 - Der Weg zur Macht, in: Schnabel, Thomas (Hg.): Die Machtergreifung in Südwestdeutschland (=Schriften zur politischen Landeskunde Baden-Württembergs Bd. 6). Stuttgart 1982. S. 15-48.

[12]   Bräunche, Ernst Otto: Ein „anständiger" und „moralisch integrer" Nationalsozialist? Walter Köhler, Badischer Ministerpräsident, Finanz- und Wirtschaftsminister, in: Kißener, Michael, Scholtyseck, Joachim (Hg.): Die Führer der Provinz (=Karlsruher Beiträge zur Geschichte des Nationalsozialismus Bd. 2). Konstanz 1994. S. 289-310.

[13]   Brechenmacher, Thomas: Teufelspakt, Selbsterhaltung, universale Mission? Leitlinie und Spielräume der Diplomatie des Heiligen Stuhls gegenüber dem nationalsozialistischen Deutschland (1933-1939) im Lichte neu zugänglicher vatikanischer Akten, in: HZ 280 2005. S. 591-645.

[14]   Brechenmacher, Thomas (Hg.): Das Reichskonkordat 1933 (=Veröffentlichungen der Kommission für Zeitgeschichte Reihe B Bd. 109). Paderborn 2007.

[15]   Breuning, Klaus: Die Vision des Reiches Deutscher Katholizismus zwischen Demokratie und Diktatur (1929-1934). München 1969.

[16]   Broszat, Martin: Die Machtergreifung Der Aufstieg der NSDAP und die Zerstörung der Weimarer Republik. München, 19903.

[17]   Ders.: Soziale Motivation und Führer-Bindung des Nationalsozialismus, in VfZ 18 1970. S. 392-409.

[18]   Ders.: Der Staat Hitlers. München 200015.

[19]   Deuerlein, Ernst: Der deutsche Katholizismus 1933. Osnabrück 1963.

[20]   Engehausen, Frank: 1933 - Der Beginn des Dritten Reiches, in: Ders., Bräunche, Ernst-Otto (Hg.): 1933- Karlsruhe und der Beginn des Dritten Reiches. Karlsruhe 2008. S. 9-23.

[21]   Ferdinand, Horst: Wagner, Robert Heinrich, in: Ottnad, Bernd (Hg.): Badische Biographien NF Bd. 2. Stuttgart 1987. S. 297-301.

[22]   Grill, Johnpeter Horst: The Nazi Movement in Baden 1920-1945. Chapel Hill 1983.

[23]   Grohnert, Reinhard: Das Scheitern der „Selbstreinigung" in Baden, in: Rauh-
        Kühne, Cornelia, Ruck, Michael (Hg.): Regionale Eliten zwischen Diktatur und
        Demokratie (=Nationalsozialismus und Nachkriegszeit in Südwestdeutschland Bd
        1). München 1993.

[24]   Gotto, Bernhard: Stabilsierung von unten Die Personalpolitik der Stadt Augsburg
        1933-1939, in: Mecking, Sabine, Wirsching, Andreas (Hg.): Stadtverwaltung im
        Nationalsozialismus (=Forschungen zur Regionalgeschichte Bd. 53). Paderborn
        2005. S. 23-49.

[25]   Gotto, Klaus: Heinrich Krone (1895-1989), in: Aretz, Jürgen, Morsey, Rudolf,
        Rauscher Anton (Hg.): Zeitgeschichte in Lebensbildern Bd. 7. Mainz 1994. S. 265-
        276.

[26]   Ders.: Die Wochenzeitung Junge Front / Michael (=Veröffentlichungen der Kom-
        mission für Zeitgeschichte Reihe B Bd. 8). Mainz 1970.

[27]   Heck, Amalie: Der Widerstand der badischen Staatsregierung vor und während der
        Machtergreifung der NSDAP am 11. März 1933, in: Badische Heimat 73 1993. S.
        491-498.

[28]   Hehl, Ulrich von: Die nationalsozialistische Zeit in Handbüchern zur Landesge-
        schichte, in: Blätter für deutsche Landesgeschichte 127 1991. S. 91-114.

[29]   Ders.: Die Katholische Kirche im Rheinland während des Dritten Reiches, in:
        Rheinische Vierteljahresblätter 59 1995. S. 249-270.

[30]   Ders.: Kirche und Nationalsozialismus. Ein Forschungsbericht, in: Rottenburger
        Jahrbuch für Kirchengeschichte 2 1983. S. 11-31.

[31]   Heitzer, Horst: Deutscher Katholizismus und Bolschewisierungsgefahr bis 1933, in:
        Historisches Jahrbuch 113 1993. S. 355-387.

[32]   Hepp, Gerd: Schwan, Anton, in: Ottnad, Bernd: Badische Biographien Neue Folge
        Bd. 2. Stuttgart 1987. S. 254f.

[33]   Hoffmann, Herbert: Im Gleichschritt in die Diktatur? Die nationalsozialistische
        Machtergreifung in Heidelberg und Mannheim 1930 bis 1935. Frankfurt 1985.

[34]   Höpfl, Bernhard: Katholische Laien im nationalsozialistischen Bayern: Verweige-
        rung und Widerstand zwischen 1933 und 1945 (=Veröffentlichungen der Kommis-
        sion für Zeitgschichte Reihe B Bd. 78). Paderborn 1997.

[35] Hourand, Rupert: Die Gleichschaltung der badischen Gemeinden 1933. Stuttgart 1985.

[36] Huber, Anton: Über den politischen Katholizismus, in: Rottenburger Jahrbuch für Kirchengeschichte 2 1983. S. 155-160.

[37] Hüttenberger, Peter: Nationalsozialistische Polykratie, in: Geschichte und Gesellschaft Bd. 2 1976. Göttingen 1976. S. 417-442.

[38] Hug, Wolfgang: Geschichte Badens. Stuttgart 1992.

[39] Junker, Detlef: Die deutsche Zentrumspartei und Hitler 1932/33 (=Stuttgarter Beiträge zur Geschichte und Politik Bd. 4). Stuttgart 1969.

[40] Keck, Alois: Anpassung und Widerstand in der katholischen Presse, in: Rottenburger Jahrbuch für Kirchengeschichte 2 1983. S. 87-95.

[41] Klee, Ernst: Das Personenlexikon zum Dritten Reich. Frankfurt a.M. 2003.

[42] Knapp, Thomas: Josef Wirth (1879-1956), in: Aretz, Jürgen, Morsey, Rudolf, Rauscher, Anton (Hg.): Zeitgeschichte in Lebensbildern (ohne Nummerierung, erster Bd.). Mainz 1973. S. 160-173.

[43] Köhler, Joachim: Katholische Aktion und politischer Katholizismus in der Endphase der Weimarer Republik, in: Rottenburger Jahrbuch für Kirchengeschichte 2 1983. S. 141-154.

[44] Kösters, Christoph: Christliche Kirchen und nationalsozialistische Diktatur, in: Süss, Dietmar, Süss, Winfried (Hg.): Das „Dritte Reich" Eine Einführung. München 2008. S. 121-142.

[45] Krabbe, Wolfgang: Die gescheiterte Zukunft der ersten Republik Jugendorganisationen bürgerlicher Parteien im Weimarer Staat. Opladen 1995.

[46] Krausnick, Helmut: Stationen der Gleichschaltung, in: Eschenburg, Theodor, Fraenkel, Ernst e.a. (Hg.): Der Weg ins Dritte Reich 1918-1933. München 19834. S. 156-176.

[47] Krone, Heinrich: Die junge katholische Generation in der deutschen Politik, in: Schulte, Karl-Anton (Hg.): Nationale Arbeit Das Zentrum und sein Wirken in der deutschen Republik. Essen 1929. S. 459-469.

[48] Kuss, Horst: Die Ausbreitung der nationalsozialistischen Herrschaft in Westdeutschland, in: Blätter für deutsche Landesgeschichte 121 1985. S. 539-582.

[49]   Kißener, Michael: Das Dritte Reich. Darmstadt 2005.

[50]   Ders.: Verfolgung - Resistenz – Widerstand. Südwestsdeutsche Parlamentarier in
          der Zeit des Nationalsozialismus, in: Schnabel, Thomas (Hg.) Formen des Wider-
          standes im Südwesten 1933-1945. Scheitern und Nachwirken. Ulm. 1994. S. 95-
          104.

[51]   Ders.: Frank, Reinhold, in: Ottnad; Bernd: Badische Biographien NF Bd. 5. Stutt-
          gart 2005. S. 80-83.

[52]   Ders.: Versagen - überall? Gesellschaftliche Eliten zwischen Weimarer Demokratie
          und nationalsozialistischer Diktatur, in: Gabriel, Oscar e.a. (Hg.): Konjunkutur der
          Köpfe? Eliten in der modernen Wissensgesellschaft. Düsseldorf 2004. S. 174-185.

[53]   Ders.: Der Widerstandkreis um den Karlsruher Rechtsanwalt Reinhold Frank. Ma-
          nuskript eines Vortrages anlässlich der Europäischen Kulturtage in Karlsruhe im
          Mai 1994.

[54]   Ders.: Der Weg zum 20. Juli 1944 im deutschen Südwesten. Manuskript eines Vor-
          trages an der Universität Würzburg am 12. Juli 1994.

[55]   Ders.: Zwischen Diktatur und Demokratie Badische Richter 1919-1952
          (=Karlsruher Beiträge zur Geschichte des Nationalsozialismus Bd. 7). Konstanz
          2003.

[56]   Ders., Scholtyseck, Joachim: Nationalsozialismus in der Region, in: Dies. (Hg.):
          Die Führer der Provinz (=Karlsruher Beiträge zur Geschichte des Nationalsozialis-
          mus Bd. 2). Konstanz 1997. S. 11-30.

[57]   Köhler, Joachim, Thierfelder, Jörg: Anpassung oder Widerstand? Die Kirchen im
          Bann der „Machtergreifung" Hitlers, in: Schnabel, Thomas (Hg.): Formen des Wi-
          derstandes im Südwesten 1933-1945. Scheitern und Nachwirken. Ulm. 1994. S. 53-
          94.

[58]   Köhler, Joachim: Die katholische Kirche in Baden und Württemberg in der End-
          phase der Weimarer Republik und zu Beginn des Dritten Reiches, in: Schnabel,
          Thomas (Hg.): Die Machtergreifung in Südwestdeutschland (=Schriften zur politi-
          schen Landeskunde Baden-Württembergs Bd. 6). Stuttgart 1982. S. 257-294.

[59]   Laqueur, Walter: Die deutsche Jugendbewegung. Köln 1983.

[60]   Lill, Rudolf: Ideologie und Kirchenpolitik des Nationalsozialismus, in: Gotto, Klaus, Repgen, Konrad (Hg.): Die Katholiken und das Dritte Reich. Mainz 1980. S. 24-35.

[61]   Maier, Joachim: Die Katholische Kirche und die Machtergreifung, in: Michalka, Wolfgang (Hg.): Die nationalsozialistische Machtergreifung. Paderborn 1984. S. 152-167.

[62]   Ders.: Schulkampf in Baden 1933-1945 (=Veröffentlichungen der Kommission für Zeitgeschichte Reihe B Bd. 38). Mainz 1983.

[63]   Mann, Reinhard: Protest und Kontrolle im Dritten Reich. Nationalsozialistische Herrschaft im Alltag einer rheinischen Großstadt (=Studien zur historischen Sozialwissenschaft Bd. 6). Frankfurt a .M. 1987.

[64]   Meinzer, Lothar: Stationen und Strukturen der nationalsozialistischen Machtergreifung: Ludwigshafen am Rhein und die Pfalz in den ersten Jahren des Dritten Reich (=Veröffentlichungen des Stadtarchivs Ludwigshafen am Rhein Bd. 9). Ludwigshafen 1983.

[65]   Mikat, Paul: Zur Kundgebung der Fuldaer Bischofskonferenz über die nationalsozialistische Bewegung vom 28. März 1933, in: Jahrbuch des Instituts für christliche Sozialwissenschaften 3. Münster 1962. S. 209-234.

[66]   Mohr, Alexander: „Ein gebildet sein wollender Mensch". Herbert Kraft, Präsident des Badischen Landtags, in: Kißener, Michael, Scholtyseck, Joachim (Hg.): Die Führer der Provinz (=Karlsruher Beiträge zur Geschichte des Nationalsozialismus Bd. 2). Konstanz 1994. S. 311-332.

[67]   Morsey, Rudolf: Adam Stegerwald (1874-1945), in: Aretz, Jürgen, Morsey, Rudolf, Rauscher, Anton (Hg.): Zeitgeschichte in Lebensbildern (ohne Nummerierung, erster Bd.). Mainz 1973. S. 206-219.

[68]   Ders.: Heinrich Brüning (1885-1970), in: Aretz, Jürgen, Morsey, Rudolf, Rauscher, Anton (Hg.): Zeitgeschichte in Lebensbildern (ohne Nummerierung, erster Bd.). Mainz 1973. S. 251-262.

[69]   Ders.: Ludwig Kaas (1881-1952), in: Aretz, Jürgen, Morsey, Rudolf, Rauscher, Anton (Hg.): Zeitgeschichte in Lebensbildern (ohne Nummerierung, erster Bd). Mainz 1973. S. 263-273.

[70]   Ders.: Der Untergang des politischen Katholizismus. Die Zentrumspartei zwischen christlichem Selbstverständnis und nationaler Erhebung 1932/33. Zürich 1977.

[71]   Ders.: Das Zentrum zwischen den Fronten, in: Eschenburg, Theodor, Fraenkel, Ernst e.a. (Hg.): Der Weg ins Dritte Reich 1918-1933. München 19834. S. 84-106.

[72]   Ders.: Die katholische Volksminderheit und der Aufstieg des Nationalsozialismus, in: Gotto, Klaus, Repgen, Konrad (Hg.): Die Katholiken und das Dritte Reich. Mainz 1980. S. 9-23.

[73]   Neser, Karl Heinz: Die Gleichschaltung setzte der Demokratie ein rasches Ende, in: Unser Land 2009 2008. S. 195-197.

[74]   Nestler, Gerhard: „In einem Namen nur ist Heil!" Der Widerstand ehemaliger Zentrums- und BVP-Politiker gegen die nationalsozialistische Diktatur in der Pfalz, in: Ders., Ziegler, Hannes (Hg.): Die Pfalz unterm Hakenkreuz. Landau 1993. S. 293-324.

[75]   Neumann, Siegmund: Die Parteien der Weimarer Republik (v. K.D. Bracher ergänzter Neudruck von: Neumann, Siegmund: Die politischen Parteien in Deutschland. Berlin 1932.). Stuttgart 1965.

[76]   Niemetz, Robert: Presse, in: Engehausen, Frank, Bräunche, Ernst-Otto (Hg.): 1933-Karlsruhe und der Beginn des Dritten Reiches. Karlsruhe 2008. S. 99-103.

[77]   Ott, Hugo: Conrad Gröber (1872-1948), in: Aretz, Jürgen, Morsey, Rudolf, Rauscher, Anton (Hg.): Zeitgeschichte in Lebensbildern Bd. 6. Mainz 1984. S. 64-75.

[78]   Ott, Hugo: Das Land Baden im Dritten Reich, in: Becker, Josef e.a.(Hg.): Badische Geschichte. Stuttgart 1979. S. 184-205.

[79]   Plück, Susanne: Das badische Konkordat vom 12. Oktober 1932 (=Veröffentlichungen der Kommission für Zeitgeschichte Reihe B Bd. 41). Mainz 1984.

[80]   Rauh-Kühne, Cornelia: Katholisches Milieu und Kleinstadtgesellschaft. Ettlingen 1918-1939. Sigmaringen 1991.

[81]   Rehberger, Horst: Die Gleichschaltung des Landes Baden 1932/33 (=Heidelberger Rechtswissenschaftliche Abhandlungen NF Bd. 19). Heidelberg 1966.

[82]   Repgen, Konrad: Über die Entstehung der Reichskonkordatsofferte im Frühjahr 1933, In VfZ 26 1978. S. 499-534.

[83]   Rothfels, Hans: Die deutsche Opposition gegen Hitler Eine Würdigung. Frankfurt a.
       M. 1969².

[84]   Rothenberger, Karl Heinz: Die nationalsozialistische Machtergreifung in der
       Südpfalz, in: ZGOr 132 1984. S. 305-342.

[85]   Ruck, Michael: Kollaboration - Loyalität – Resistenz. Administrative Eliten und
       NS-Regime am Beispiel der südwestdeutschen Innenverwaltung, in: Schnabel,
       Thomas (Hg.): Formen des Widerstandes im Südwesten 1933-1945. Scheitern und
       Nachwirken. Ulm. 1994. S. 124-151.

[86]   Ruppert, Karsten: Die weltanschaulich bedingte Politik der Deutschen Zentrums-
       partei in ihrer Weimarer Epoche, in: HZ 285. München 2007. S. 49-97.

[87]   Sailer, Joachim: Eugen Bolz und die Krise des politischen Katholizismus in Wei-
       marer Republik. Tübingen 1994.

[88]   Schadt, Jörg: Verfolgung und Widerstand unter dem Nationalsozialismus in Baden.
       Die Lageberichte der Gestapo und Generalstaatsanwaltschaft Karlsruhe 1933-1940
       (=Veröffentlichungen des Staatsarchivs Mannheim Bd. 3). Stuttgart 1976.

[89]   Schanbacher, Eberhard: Das Wählervotum und die „Machtergreifung" im deut-
       schen Südwesten, in: Schnabel, Thomas (Hg.): Die Machtergreifung in Südwest-
       deutschland (=Schriften zur politischen Landeskunde Baden-Württembergs Bd. 6).
       Stuttgart 1982. S. 295-317.

[90]   Schellenberger, Barbara: Katholische Jugend und Drittes Reich
       (=Veröffentlichungen der Kommission für Zeitgeschichte Reihe B Bd. 17). Mainz
       1975.

[91]   Schepua, Michael: Nationalsozialismus in der pfälzischen Provinz. Herrschaftspra-
       xis und Alltagsleben in den Gemeinden des heutigen Landkreises Ludwigshafen
       1933-1945. Mannheim 2000.

[92]   Schulze, Hagen: Weimars Scheitern, in: Sösemann, Bernd (Hg.): Der Nationalsozi-
       alismus und die deutsche Gesellschaft. Stuttgart 2002. S. 53-65.

[93]   Schumacher, Martin: Zwischen „Einschaltung" und „Gleichschaltung". Zum Un-
       tergang der Deutschen Zentrumspartei 1932/33, in: Historisches Jahrbuch 99 1979.
       S. 268-303.

[94]   Ders.: M.d.L., Das Ende der Parteien 1933 und die Abgeordneten der Landtage und Bürgerschaften der Weimarer Republik in der Zeit des Nationalsozialismus. Düsseldorf 1995.

[95]   Schnabel, Thomas: Die Stimmung in Baden, Württemberg und Hohenzollern während des Dritten Reiches, in: Ders.: (Hg.): Formen des Widerstandes im Südwesten 1933-1945. Scheitern und Nachwirken. Ulm. 1994. S. 180-204.

[96]   Ders.: Von der Splitterpartei zur Staatspartei. Voraussetzungen und Bedingungen des nationalsozialistischen Aufstiegs in Freiburg i Br., in: Schau ins Land 102 1983. S. 91-120.

[97]   Scholder, Klaus: Altes und Neues zur Vorgeschichte des Reichskonkordats. Erwiderung auf Konrad Repgen, in: VfZ 1978. S. 535-570.

[98]   Schondelmaier, Hans-Willi: Die NSDAP im badischen Landtag 1929-1933, in: Schnabel, Thomas (Hg.): Die Machtergreifung in Südwestdeutschland (=Schriften zur politischen Landeskunde Baden-Württembergs Bd. 6). Stuttgart 1982. S. 82-112.

[99]   Schwend, Karl: Die Bayerische Volkspartei, in: Matthias, Erich, Morsey, Rudolf (Hg.): Das Ende der Parteien 1933. Düsseldorf 1960. S. 457-519.

[100]   Schwindt, Katharina: Politische Gleichschaltung in Baden und Karlsruhe, in: Engehausen, Frank, Bräunche, Ernst-Otto (Hg.): 1933- Karlsruhe und der Beginn des Dritten Reiches. Karlsruhe 2008. S. 23-36.

[101]   Siebler, Clemens: Baumgartner, Eugen; in: Ottnad, Bernd: Badische Biographien NF Bd. 2. Stuttgart 1987. S. 22-25.

[102]   Spitzmüller, Ulrich: „Die Schwarzen sind da, der Krieg ist aus!" Anfang und Ende des Dritten Reiches in Zell am Harmersbach, in: Die Ortenau 80 2000. S. 471-492.

[103]   Stambolis, Barbara: Nationalisierung trotz Ultramontanisierung oder: „Alles für Deutschland. Deutschland aber für Christus". Mentalitätsleitende Wertorientierung deutscher Katholiken im 19. und 20. Jahrhundert, in HZ 269. München 1999. S. 57-97.

[104]   Stehkämper, Hugo: Protest, Opposition und Widerstand im Umkreis der (untergegangenen) Zentrumspartei, in: Schmädeke, Jürgen, Steinbach, Peter (Hg.): Der Widerstand gegen den Nationalsozialismus. München 1985. S. 113-150.

[105] Steinbach, Peter: Die Gleichschaltung Zerstörung der Weimarer Republik - Konsolidierung der nationalsozialistischen Diktatur, in: Sösemann, Bernd (Hg.): Der Nationalsozialismus und die deutsche Gesellschaft. Stuttgart 2002. S. 78-113.

[106] Syring, Enrico: Das nationalsozialistische Deutschland 1933-1945. Führertum und Gefolgschaft (=Schriftenreihe Extremismus und Demokratie Bd. 10) Bonn 1997.

[107] Uffelmann, Uwe, Köhler, Heinrich, in: Ottnad, Bernd: Badische Biographien NF Bd. 4. Stuttgart 1996. S. 163-168.

[108] Volk, Ludwig: Adolf Kardinal Bertram (1859-1945), in: Aretz, Jürgen, Morsey, Rudolf, Rauscher, Anton (Hg.): Zeitgeschichte in Lebensbildern (ohne Nummerierung, erster Bd.). Mainz 1973. S. 274-286.

[109] Volk, Ludwig: Das Reichskonkordat vom 20. Juli 1933 (=Veröffentlichungen der Kommission für Zeitgeschichte Reihe B Bd. 5). Mainz 1972.

[110] Wachtling, Oswald: Joseph Joos (1878-1965), in: Aretz, Jürgen, Morsey, Rudolf, Rauscher, Anton (Hg.): Zeitgeschichte in Lebensbildern (ohne Nummerierung, erster Bd.). Mainz 1973. S. 236-250.

[111] Wehler, Hans-Ulrich: Der Nationalsozialismus. Bewegung, Führerschaft, Verbrechen 1919-1945. München 2009.

[112] Weinstock, Kristin: Nationalsozialistische Herrschaftsinszenierung, in: Engehausen, Frank, Bräunche, Ernst-Otto (Hg.): 1933- Karlsruhe und der Beginn des Dritten Reiches. Karlsruhe 2008. S. 37-47.

[113] Zier, Hans Georg: Politische Geschichte von 1918 bis 1933, in: Becker, Josef e.a. (Hg.): Badische Geschichte. Stuttgart 1979. S. 143-167.

[114] Zimmermann, Wilhelm: Die Wehrpolitik der Zentrumspartei in der Weimarer Republik (=Europäische Hochschulschriften Reihe III Band 598). Freiburg 1992.

EuKlId

Europäische Kultur und Ideengeschichte
(ISSN 1867-5018)

Herausgeber: Bernd Thum, Hans-Peter Schütt
Institut für Philosophie, Karlsruher Institut für Technologie (KIT)

Die Bände sind unter www.ksp.kit.edu als PDF frei verfügbar oder als Druckausgabe bestellbar.

Band 1   Ulrich Arnswald (Hrsg.)
            In Search of Meaning. Ludwig Wittgenstein on Ethics, Mysticism and Religion. 2009
            ISBN 978-3-86644-218-4

Band 2   Luis Miguel Carrujo Covas
            Worte am Werk. Wittgenstein über Sprache und Welt. 2008
            ISBN 978-3-86644-291-7

Band 3   Christian Hoffstadt
            Denkräume und Denkbewegungen. Untersuchungen zum metaphorischen
            Gebrauch der Sprache der Räumlichkeit. 2009
            ISBN 978-3-86644-378-5

Band 4   Ulrich Arnswald, Hans-Peter Schütt (Hrsg.)
            Thomas Morus' Utopia und das Genre der Utopie in der Politischen Philosophie. 2010
            ISBN 978-3-86644-403-4

Band 5   Ezequiel L. Posesorski
            Between Reinhold and Fichte. August Ludwig Hülsen's Contribution to the
            Emergence of German Idealism. 2012
            ISBN 978-3-86644-861-2

Band 6   Peter Uwe Henß
            Schmerz als interdisziplinärer Forschungsgegenstand. Der Schmerzbegriff in
            Viktor von Weizsäckers medizinischer Anthropologie und seine Bedeutung
            in der ärztlichen Praxis. 2013
            ISBN 978-3-86644-954-1

Band 7   Jürgen Schmiesing
            1933 - Die Gleichschaltung des politischen Katholizismus in Baden. 2013
            ISBN 978-3-7315-0013-1